与客户共舞

邢焱 ◎ 著

企业管理出版社
ENTERPRISE MANAGEMENT PUBLISHING HOUSE

图书在版编目（CIP）数据

与客户共舞 / 邢焱 著 . —北京：企业管理出版社，2018.1
ISBN 978-7-5164-1483-5

Ⅰ.①与⋯ Ⅱ.①邢⋯ Ⅲ.①企业管理－销售管理 Ⅳ.①F274

中国版本图书馆CIP数据核字(2017)第325085号

书　　名	与客户共舞
作　　者	邢　焱
责任编辑	蒋舒娟
书　　号	ISBN 978-7-5164-1483-5
出版发行	企业管理出版社
地　　址	北京市海淀区紫竹院南路17号　　邮编：100048
网　　址	http://www.emph.cn
电　　话	编辑部 (010) 68701661　　发行部 (010) 68701816
电子信箱	26814134 @qq.com
印　　刷	北京宝昌彩色印刷有限公司
经　　销	新华书店
规　　格	889毫米 × 1194毫米　　32开本　8.5印张　139千字
版　　次	2018年1月第1版　2018年1月第1次印刷
定　　价	45.00元

版权所有　翻印必究 · 印装有误　负责调换

感　谢

在准备了两年后，这本书终于可以出版了。感谢企业管理出版社的朋友们让我的思考与大家见面。

这本书是我做咨询工作11年来的结晶，有对客户体验的思考，有对企业在管理中共同面临的问题的思考，也有对技术发展给企业带来的机会与挑战的思考。这本书不是我一个人的智慧结晶，是鹈鹕顾问这十几年来所有员工的共同智慧的结晶。

在这里我要感谢对这本书做出贡献的鹈鹕顾问现在及过往的员工，他们是孙璟泽、杨莲月、高威、侯天华、白文腾，还有我的朋友羊冬昭、马振江。

感谢我的大学同学雷鸣，朋友黄家菊，他们百忙中帮我联系出版社；还要感谢苏辉苏总，把我引荐给适合我的书的出版社。

在这里还要感谢这十几年来信任我、支持我的客户,感谢你们陪我成长。

高铁在飞驰。窗外秋色正浓,蓝天白云,感谢这个世界这么美好!

邢 焱

2017年10月31日于高铁上

代序：人文、管理视角的客户体验整体思考

客户体验管理(Customer Experience Management)这个话题不算新，但体验的概念却日益重要。我们已经进入一个技术引领的全新时代，体验管理从来没有像今天这样光芒四射。人机交互的界面要谈体验，零售渠道转型的新型展示厅要谈体验，基于大数据的运营管理中心也要谈体验，只差行政机构还没有广泛使用"市民体验""纳税者体验"的概念，估计这也快了。

我们应当注意到，大部分的体验提升是因为技术进步，而技术至上、人文精神不断削弱似乎是当前社会的发展状况。在这样的趋势下，人与人之间的关系只能通过技术的不断进步来维系，来扩展。于是我们看到，越来越多的新型渠道促使客户各取所需的服务，日益细化的大数据收集分析技

术可以使企业随时把握客户的画像和行踪，人工智能的应用使机器能够提供比人更无微不至的关怀。日益聪颖的机器人已经在呼叫中心认真地接听电话，在餐厅中准确地端盘送碟，在智能汽车内优雅地驾驶。未来的消费者将在一个虚拟的世界中接受无微不至的服务，进行无所不能的交互，享受过去无法想象的全新体验。

未来的消费者技术将为我们展示"原子级的连接、自然化的交互、沉浸式的体验"的美好前景。流程可以自定义，功能可以扩展，交互必将多样，情景更加鲜活。但无论机器智能如何发展，人际之间的终极体验必将是由人来定义、人来推动、人来提升、人来评价的。社会伦理的进步，人文精神的弘扬，人际关系的重构，必然是随着现代中国社会不断进步而产生的迫切需求，甚至可以认为是中华民族崛起的先决条件。

回归客户体验的基本出发点、基本框架以及与人相关的基本理念、规范和限定，让客户体验管理从业者能够从基本层面思辨，从客户本质来规划构建，将成为不太时髦但却十分有意义的工作。

郭红丽教授和本人合作，数年前出版了第一本专题论述客户体验管理的专著。业界出现了数本从技术、营销角度探讨客户体验的作品后，邢焱女士又一次直面主题，用新语言系统化地阐述了新形势下的客户体验管理变革，提出不少新的观点。

我和邢焱相识多年，她在客户体验管理领域耕耘多年，形成一系列自己的独特观察与思考。她勤于思辨与实地研究，没有浮躁心理与功名意识。这本书中，她将许多我们常见的服务历程与服务案例结合客户体验管理的整体思考——分析，娓娓道来。在中国服务经济日益发展、产业格局日益服务化的大格局下，从人文、管理角度谈客户体验，显得格外珍贵与可敬。对越来越多的企业来说，从产品制造走向客户运营，客户体验管理既是企业的核心竞争力，又是企业价值诉求之所在。而对整个社会来说，以人为本的实践正需要找到新的立足点。这本书的出版可以说正当其时。

袁道唯

亚信科技副总裁

2016年10月

代序：在《与客户共舞》中找到灵感和启迪

用户体验是成功互联网公司的重要基因。这些企业无论是在网站的规划设计，各个垂直网站业务的KPI考核，还是整个网站的整体架构规划和落地实施，以及每日的运营和新功能的快速迭代上线，都紧密地围绕极致的用户体验来开展。

由于作者长期工作在互联网公司，所理解的用户体验就是一套发源线上、从功能需求到非功能需求追求到极致感受的工作方法和工作哲学。但是当真正深入接触了一系列的传统公司之后发现，用户体验管理是这些企业最为短缺和匮乏的部分。长期在财务报表和销售报表中生存的企业和决策者在与用户直接打交道的各个渠道和窗口中是非常笨拙的，甚至是短视的。很多次看到企业关着门设计自己与用户相关的业务和服务流程，看到企业为了短期的销售业绩而严重伤害用户的感受甚至感情，也曾很多次看到这些传统企业面对"互联网+"冲击时的无助与盲从。

在一次合作中，很偶然地遇到邢焱女士，而被她的一整套客户体验测评架构思路与完全是用户体验至上的业务流程重构方法论击中却是必然。她的用户体验思考不像互联网公司一样仅仅停留在线上，而是会对整个组织的每个细胞都注入这种思路。

在"互联网+"冲击下的这些年里，一些传统行业的领头羊公司开始思考如何成为一个真正以客户为中心的企业，因而如饥似渴地想从乙方IT公司引入一整套以用户为中心的变革思路，包括组织结构、业务系统、操作指南、工作流程和方法等，这其中的核心就是需要乙方真正能带领甲方企业通过创新走向未来。而邢焱女士在这个领域的思考和沉淀恰恰是我们最需要的。

由于合作的关系，我经常和邢焱女士交换一些业务方面的想法与见解，而每次她给出的答案都让我眼前一亮。这种眼前一亮的感觉在最近两年中又发生了一些有趣的演变，她开始融入一些更前沿的思路，其中一些考虑和经典游戏中的设计思路如出一辙，这真是太棒了！

所以，精彩留给读者，相信大家可以在《与客户共舞》中找到灵感和启迪。

羊冬昭

INFOSYS中国区CTO

2016年11月18日

代序：客户体验是开启成功之门的万能钥匙

上一次和邢女士相遇是在我们公司的客户会议上，记得当时邢女士讲的是联络中心通过人工智能进行客户服务时的温度问题，也就是如何通过人工智能进行更有温度的客户服务，以使客户体验更为极致。当时包括我在内的大多数从业者思考的是如何通过人工智能让服务效率更高，让联络中心的人工效率更高，而邢女士讲解人工智能的新颖角度，让我产生了浓厚的兴趣。

客户体验是这几年非常热的一个话题，也越来越引起了企业客户服务部门的重视，但是如何将客户体验的最佳实践贯穿企业经营活动中的方方面面，却不是一个简单的问题，因为这涉及产品设计、流程管理、触点服务等各个方面，任何一个节点的短板都将影响到客户的整体体验，所以说客户体验是CEO工程，是必须由企业的决策者参与的工程，它需要进行合理的目标设定，分步分阶段的计划，才能稳步迭代执行。但是在实践中，我们发现并非如此，企业往往期望通过设立一个客户体验部门，购买一个客户声音的分析工具，建设一个客户服务体验流程就达到所期望的客户极致体验实践，而结果往往不尽人意。

即使是客户的服务体验，也是一个系统工程，它涉及多渠道多媒体服务的一致性、智能化服务与人工服务的体验一致性、服务人员的培训与赋能、客户声音的挖掘与收集、问题的解决效率等方方面面的问题，仅仅依赖客户体验的设计根本达不到预设目标。应该说客户体验模型和企业的管理模型是一致的，可以归结为：客户体验目标=资源×方法。设立的目标和投入的资源是成正比的，而方法的正确与否是资源是否有效利用的关键，如果方法的效率不高，投入的资源就得不到有效的利用，达成目标就会很困难，而如果方法得当，就会使资源的利用率成倍提高。

本书提供的就是一个客户体验提升的方法论。邢女士不仅有丰富的从业经验，并在多年的管理咨询过程中积累了大量的应用案例，加上其善于思考，善于总结的大脑，为我们提供了客户体验提升最佳实践的方法，相信读者和我一样能够从中受益。

企业管理的过去、现在和未来都处在永恒的变化中，但是企业成功的法宝一直没变，这个法宝就是要牢牢抓住客户的心！而极致的客户体验就是打动客户内心的最佳捷径。

王鸿冰

上海易谷网络科技股份公司CEO

2017年11月11日于北京

自序：这个世界每天都在发生变化

2017年1月3日，AlphaGo Master打败了世界排名第一的围棋高手柯洁。2017年10月19日，AlphaGo Zero再次成为人工智能的关注点。这个围棋对弈机器，从零开始，在不用任何棋谱，只教了围棋规则，自己和自己对弈的情况下，30天后达到Master的水平，40天后，对Master达到近90%的胜率，成为有史以来最强的版本。

一时间，关于人工智能的各种分析、争议再次"刷屏"互联网和各大传统媒体。人们又开始质疑人类的未来……针对此类事情，我是这样认为的，未来人工智能发展，对人来说最好的前景是人与机器的融合，到时候就无所谓"纯人类"和纯机器了。机器人和人最大的分界点在于自我意识，其实就是主观的那部分。机器是纯理性的，人不是。所以在可以预见的未来，人类社会的很多工作，包括人自身的很多功能都可以被机器替代，如果愿意，也许人可以永生。而这一切既刺激又让人惶惑。

另外，关于AR/VR的种种实践和讨论也带给我们很多想象的空间，也许有一天时空的界限真的被打破，让我们分辨不清是身在虚拟世界还是现实世界。我们是不是也要像《盗梦空间》里的"小李子"一样用个陀螺来区分虚拟与现实？而电影中的他真的分清了吗？这个世界对于个体的人来说就是一个主观的映像，真真假假，不重要，重要的是你的感受、你的体验。

我是一个客户体验管理咨询师，在生活中我关注一切和体验相关的事情，包括技术。我一直认为这是一个最好的时代，因为技术带给我们无限可能，能把我们隐含在内心的需求不断激发，促使我们不断迎合需求，不断提升体验，不断创造，制造出一个又一个我们以前想都不敢想，却是让人惊叹的美好体验。

由于工作的关系，出差对我来说已是常态。记得五年前我出差一周，至少要随身携带3000元以上现金才能安心地坐上飞机。可如今我经常兜里只揣两三百块钱就出发了，除了信用卡，带上手机就可以。现在哪家餐厅如果不支持移动端支付，估计都不好意思开门营业了。便利店、专卖店，都支持支付宝或者微信支付，再高大上一点，我还有ApplePay啊！

记得以前去哪里都要提前做好攻略，研究地图，标注酒店、餐厅和客户的所在位置，如今什么准备都不用做，下了飞机用APP叫一辆车，坐上车，打开手机：导航、酒店、餐厅、周边的好去处，全部在指尖搞定。可以在微信朋友圈或微博中吆喝一下，约上朋友一起小坐；可以晒晒当地好去处的照片；如果遇到不良商家还可以最大程度地曝光他们，让朋友们帮忙转发，并且直接@他们，在网络上给出差评；可以远程转播自己的演讲现场，可以和同事开音频或者视频会议……我从来没有像今天这样感觉过这么自由，不敢设想如果有一天没有电，没有网络，世界又回到从前，那我该如何是好呢！

这五年来，从社会化媒体的兴起到移动互联网的普及，从移动支付到大数据、云计算的落地，从人工智能到AR/VR

XVII

的发展……每一个进步都是一次跨跃。每天一睁眼，我都会想今天会有什么新技术面世、突破了什么……这些都意味着什么？意味着我们的视野会越来越开阔，未来的生活会越来越方便、越来越自由。我们对身边产品及服务的要求会越来越高，对保证生活品质的一切需求会越来越挑剔，同时也对人性的多样性越来越包容！

技术带来颠覆，满街跑的小橘车、小黄车让出行又方便了许多。记得一次打车，出租车司机愤愤地抱怨："为什么没人管那些共享租车？"联想到之前某次两会期间，某银行行长和总理说"银行是弱势群体"……技术颠覆的不仅仅是做事的效率和质量，颠覆的还有人的认知和想象力！

技术给作为客户的我们带来了更多可能性。我们可以享受更好的产品、更贴心便捷的服务和更多美好的体验。我们可以用节省的时间、空闲之余的大脑慢慢品味生活，发现更多的美好，创造更多的价值，为自己和他人。

技术给企业带来的更多是挑战和机遇。企业需要看到，由于这些变化，企业与客户的格局发生了非常大的变化。

以前客户很难观察到企业的所作所为，只能通过企业的对外宣传，或客户偶尔有问题找到企业客服部门获得的有限的反馈来了解，并且整个过程几乎是单向的，企业说什么就是什么。企业与客户仿佛站在河两岸，遥遥相望。但是现在不同了，从下图可以看到，企业完全被客户360°无死角地包围着，客户会看到并参与企业的所有行为，包括从研发到评估的整个环节。客户或是企业品牌的关注者、企业信息的关注者、企业事件的关注者、企业员工的关注者，或是综合的

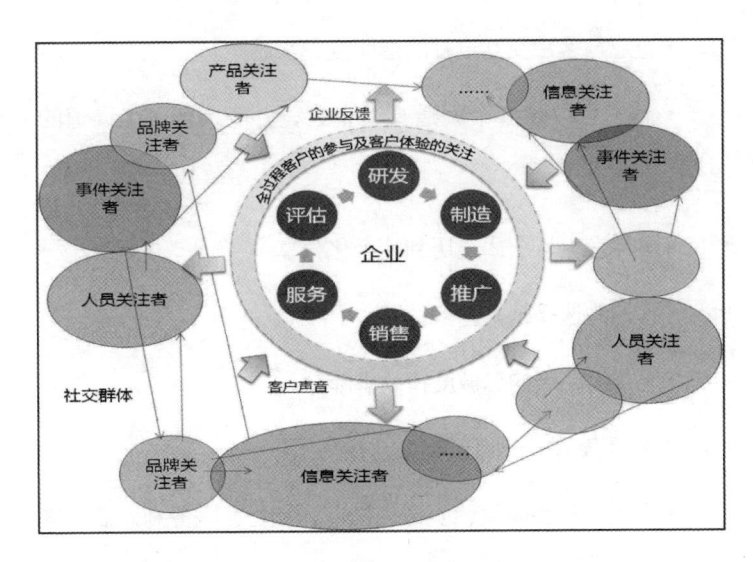

移动互联网、社会化媒体时代企业与客户的关系

关注者。他们还可以很轻松地获得企业竞争对手的信息，以便对比选择……他们发出各种声音，有的抱怨、有的赞扬、有的传播某种信息。企业从来没有像今天这样，如此透明地站在客户面前！

企业发现——客户越来越主动了！

- 客户获取企业信息的途径变得越来越多。
- 客户圈子对客户的影响越来越大。
- 客户投诉成本越来越低。
- 企业与客户交互过程的透明度越来越高。
- 客户可以从各个渠道直达企业，并能综合各个渠道的信息。
- 事件发生从个体经历到社会化分享。
- 客户的选择越来越多。
- 客户对品牌的忠诚度持续下降！

企业还发现——自己越来越被动了！

- 企业从产品研发、生产、推广、销售、服务到评估，这些环节都变得透明，一切行为都处于公众的显微镜下。

- 对客户需求的反馈，企业的速度、态度决定一切。
- 企业中的每一个员工都可能是企业的代言人。
- 事件的传播方式从传统传播模式转向病毒式传播！

从另一方面讲，企业间产品与服务的同质化竞争也越来越激烈。你今天有新产品、新服务模式，我明天就能效仿，你研究的东西也是我正在研究的东西，除了几个顶尖的公司拥有核心技术外，其他大部分公司的技术都是模仿和购买。那么，对大部分企业来说，核心的东西是什么？

是客户体验！如果你不能提供很好的途径与客户交流，如果你不能及时对客户的声音做出反应，如果你不能根据客户的需求及时调整产品及服务，如果你不能把更高的价值反馈给客户，那么你很快就会被客户抛弃！

客户给企业带来利润，客户让企业成长！客户体验决定客户选择你还是选择别人！

企业需要与客户互动起来，了解客户是如何看待它们的产品和服务的，了解客户在与它们互动时的感受是怎样的，了解为什么客户与它们交互之后就再也不光顾了……企业需要洞察客户，需要迎合客户，需要管理客户，更需要与客户一起舞动起来！

无论是个体还是企业，如果你不面对这场变革，不剥开变革的面纱去洞察真相，不管你是谁，你都将是弱势群体。因为变革的脚步从来不会因为几个人的摔倒而停止……你什么时候看到时间停止过？

邢 焱

2017年1月18日

目 录

- 感谢
- **代序：** 人文、管理视角的客户体验整体思考
- **代序：** 在《与客户共舞》中找到灵感和启迪
- **代序：** 客户体验是开启成功之门的万能钥匙
- **自序：** 这个世界每天都在发生变化

第一章　什么是客户体验 ___ 1
- 第一节　客户体验从哪里来 ___ 2
- 第二节　共同的需求与人性是客户体验关注的主题 ___ 7
- 第三节　客户喜欢"我的事情我做主" ___ 14
- 第四节　良好"客户体验"的四个关键词 ___ 19

第二章　客户体验管理的架构 ___ 23
- 第一节　到底发生了什么 ___ 24
- 第二节　客户体验管理开门四件事 ___ 33

- 第三节　客户触点的统一管理 __ 46
- 第四节　客户数据的整体运营 __ 73
- 第五节　企业知识的客户化、智能化改造 __ 83
- 第六节　打造3D全景式共舞模式 __ 88

- 第三章　客户体验管理的方法 __ 101
- 第一节　客户体验管理的管理架构 __ 102
- 第二节　建立内外部有效互动的客户体验管理体系 __ 114
- 第三节　客户体验问题的发现与揭示——客户体验的测量 __ 137
- 第四节　客户体验改善的方法 __ 162

- 第四章　客户体验管理的实战 __ 183
- 第一节　营销的旋律 __ 184
- 第二节　服务的节奏 __ 208
- 第三节　忠诚度变奏 __ 224

- 未来我们都将融入场景而无法区分虚与实 __ 237

第一章

什么是客户体验

在研究客户体验管理前,我们需要先理解什么是客户体验,了解它的来源以及它的特点,才能谈及管理它。

本章重点带您了解以下重点内容:

○ 客户体验来自何处;
○ 客户体验关注的主题;
○ 客户喜欢"我的事情我做主";
○ 良好"客户体验"的关键词。

第一节 客户体验从哪里来

很多朋友跟我说"体验"这个词太感性,"客户体验"就更让人摸不着头脑,寻不到脉络。那么我们试着用一句话总结什么是"客户体验"?

客户体验,是指客户对企业提供的产品和服务产生的感受。这种感受不是企业的主观行为。

记得在一次活动中,我给主讲人拍了几张照片。在我看来,主讲人身材高挑、体型苗条、着装有型等各种优点照片都表现出来了。当她演讲完,我得意扬扬地把照片给她看时,她却说:"太胖!"我很诧异,因为在我眼里她已经苗条到不能再苗条了……她居然还认为自己太胖?!

事实上,这位主讲人的视角就是"客户的视角",完全主观、个性化。

对企业来说,企业首先要有"客户视角",才能够了解

"客户的感受"，进而理解什么是"客户的体验"，而不是企业的体验，或者企业认为的客户的体验。

那么这就面临一个问题，如果客户视角是完全主观、个性化的，那么客户的体验也会是千变万化的，这和客户的阅历、经验等密切相关。如此一来客户体验是不是就显得虚无缥缈，很难归纳总结？又怎么可能管理呢？

我们都知道人对事物的认知是有共性的。例如，什么是臭，什么是香，不需要过多解释；我们都会在温暖而安静的环境下感到放松而睡意渐起；我们都会被橙色激发出振奋的情绪；整洁的环境会让我们感到愉悦，而脏乱则使人心生烦恼和厌恶……为什么？为什么我们会有很多的共识？因为我们都是人。作为人，从感觉到情绪，到心理活动，到行为模式，有太多的一致性，而这些一致性是有规律可循的，是可以总结的。这也是客户体验可以测量、设计和管理的基础。

那么客户体验到底来自哪里？我认为来自两个层面，一个是来自五种感官的感觉层面，就是眼之所视、鼻之所嗅、耳之所闻、口之所品、肤之所触；另一个是来自深层次的人性层面，比如懒惰、好奇、贪婪、协作等。接下来我们分别对这两个层面进行阐述。

我们以入住酒店为例，这是大家都有过的经历和体验。

当我们入住一家酒店时，我们对它的感觉在看到它的一瞬间就产生了，它的外观看起来是什么样子的？感觉是高档还是低档？是否看着舒服？然后走进酒店大堂，这里是否宽敞、气派？色调是否优雅？装修布局是否高雅？同时我们会闻到气味，还能感到温度是否合适……这一切都和感官相关。和感官相关的体验，都是很直接的内容，比如空间环境、网页界面的视觉、电话的声音、环境的气味与温度湿度等。这些客观存在的东西会影响人的情感和情绪。为什么医院都用白色和淡绿色的色彩组合？因为那样的色彩组合会使人放松和安静。为什么我们等待电话接通时的音乐是舒缓的？因为那样的音乐会让我们不那么急躁。为什么网页现在越来越简约？因为那能让我们第一时间看到重点内容，能快速地进入我们希望的环节等。这一切都是因为五感，人的情绪和情感发生了变化，而这些变化就是体验。所以快餐厅播放的一定是快节奏的乐曲，因为它们想让你快点离开，而高端西餐厅播放的则是舒缓的古典音乐，若隐若现，因为它们想让你沉浸其中……所以如果你想让人们充满激情，那么就用饱满的橙色刺激他们的视觉，震耳的摇滚乐撞击他们的耳鼓，工作人员脸上挂着张扬的笑容，让你的朋友和你一起"嗨"起来……

对色彩、空间、声音、温度、湿度、气味等整体的把握，构成了体验外围的感觉层。这一层非常重要，它是客户的第一印象，犹如歌曲《传奇》中的那句"只是因为在人群中多看了你一眼"，无论是因为爱你而无法忘记你的容颜，还是由于厌恶你而摆脱不掉你的形象，都是会被传播的体验！这些体验直接来自感官给人带来的心理变化，从而影响到人的情绪及判断。这是客户体验来源的第一个层面。

进入酒店后，我们会去前台办理入住。服务人员的态度，对你的熟悉程度，工作的熟练程度，让你等待的时间长短，介绍早餐地点及其他设施的位置是否准确等，这些也会让你有所评判。例如，你认为服务人员的态度不那么亲和，正忙着和一个好像是常客的人打招呼而怠慢了你。当你入住房间后，发现不知道怎么上网，而电话按键的指示也不明确，让你无法询问相关内容……这些体验的感受来自什么？显然不仅仅是感官。是什么让我们觉得被冷落不舒服？是什么让我们用经济舱全价票的价格买了头等舱票，在地面却不能享受头等舱待遇而郁闷和愤怒？是什么让我们把网络商场的购物车放满，却迟迟不支付，只为等待"双十一"的到来？是什么让我们在很明显的诈骗中奖信息中迷失？是什么让很多人在三伏天的大太阳下排队抢购？是什么让我们动动手指就能买东西后，就很少再去几公里以外的大商场？这些都是人性使然！

　　人性中我们希望被尊重，让我们不能忍受冷落；人性中有虚荣，让我们对一些炫耀身份和地位的东西欲罢不能；人性中的懒惰让实体店整体告急，因为人们会想动动手指就可以完成的事情，为什么要跑腿？人性中的贪婪让我们屡中诈骗诡计；人性中占小便宜的特性，让买赠变成热门……同样也是因为谙熟人性，让微信红包变成全民娱乐！那份攀比，那份争抢，那份好奇，那份群体的"嗨"……这一切都是人性使然，而这一切又都会反映到对体验好坏的评价上！

　　所以，满足了人性中的需求的体验，就是好的体验，反之就是不好的体验，这是客户体验来源的第二个层面。

第二节 共同的需求与人性是客户体验关注的主题

这一节中，我想重点谈谈人共同的需求及人性这两个层面与客户体验的关系。了解了这两个层面，就能比较容易地解读商业行为中很多现象，也能为企业的产品、营销及服务设计奠定良好的基础，同时帮助企业提前了解那些与客户交互过程中需要关注的事项和可能出现的问题。

我们先从人的需求讲起。大家应该对图1.2.1的内容并不陌生：

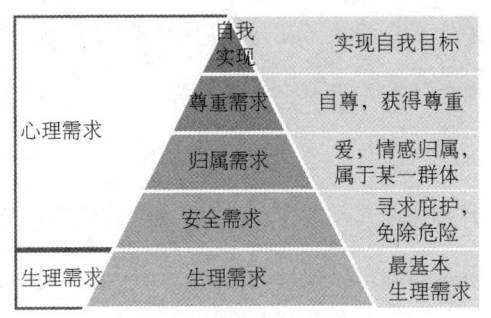

心理需求	自我实现	实现自我目标
	尊重需求	自尊，获得尊重
	归属需求	爱，情感归属，属于某一群体
	安全需求	寻求庇护，免除危险
生理需求	生理需求	最基本生理需求

图1.2.1　马斯洛五需求模型

这张图经常被用在员工激励因素的设计上，同样，它可以用在如何理解客户的需求上。需求是基于人的共性的，无论是企业的员工还是企业的客户，员工需要的也是客户需要的，员工愤怒的也可能是客户愤怒的。我们抛开图1.2.1中的生理需求和安全需求不谈，直接进入第三层需求——归属需求，也有人称其为社交需求。所谓归属，即我们都需要归属于一个团体，都有被某个团体接受的需求。而企业的客户在和企业互动时，其实是在和企业社交，在这个过程中，客户需要企业知道他、认识他、了解他、理解他，并做出反应。在这个基础上，进入第四个层面的需求——尊重需求。什么是尊重？企业关注它的每一个客户，能平等地与客户沟通，语言习惯和客户保持一致，企业的员工与客户沟通时言语客气，措辞礼貌，这些很重要。一旦理解了这些，我们就很容易理解为什么企业员工在与客户沟通时要尽量少用专业术语，因为那会让客户觉得自己不被尊重，员工传达的信息，他听不懂，会有挫败感，认为企业的员工歧视他……试想我们与家人沟通，尤其是老人和孩子，我们会尽量把很多晦涩的表达转换成他们可以理解的语言，为什么？因为我们重视他们……例如，面对面服务要求服务人员保持微笑，甚至要露出八颗牙齿，目光要与客户有交流，为什么？因为这样显得服务人员重视他、尊重他……所有这些，都在迎合人的归属和被尊重的需求。这些也是研究客户体验的基础。我们不了解人，不了解人的需求，就无法多层面地探讨企业与客户交互过程中的禁忌和规则。

再来看人性。人性是什么？不同的人会给出不同的答案，而专家学者也会从社会学、哲学、心理学、历史、文化等多角度诠释人性。这里我不想引经据典，也不想论证对错，只从我们最常见的商业行为去探究那些与"体验"相关的人性中共同的部分。

人性无所谓好坏，因为无论从哪个角度讲，人都是利己兼利他的，利己为了生存和繁衍后代，因为活着、延续是生命的基本需求；利他其实也是为了生存和繁衍后代，因为他人可以帮我更好地活着，让我有更多的机会繁衍后代……

从复杂的关于人性的定义中，我们找出几个核心要素（见图1.2.2）。

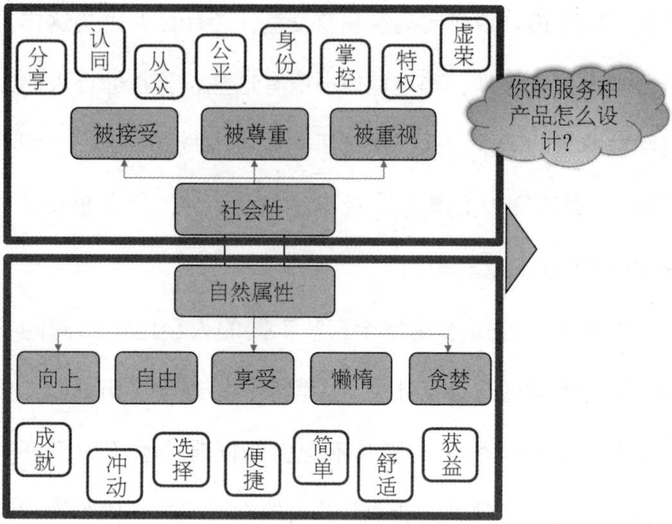

图1.2.2 人性的分类

人性分为自然属性和社会属性两个层面。动物本性与社会性的融合构成了复杂而立体的人性。人不但具有食色本能，还具有积极向上的生存本能，向往自由、天性懒惰、内心贪婪，都是人性的表现。

比如懒惰，分为身体上的懒惰和头脑上的懒惰。身体上的懒惰促使人们设法减少身体行动，找到很多替代工具，马车、汽车等代步工具的出现，既满足了懒惰的本性，也满足了人的探索好奇的本性。而我们常提到的"舒适区"，主要是指人由于头脑上的懒惰，不愿意积极思考，不喜欢做费力度大的事情；而现在产品设计或者交互设计都讲究简单易懂易操作，甚至提到傻瓜操作，就是为了降低使用者的学习成本，迎合人的懒惰心理。再比如有个朋友和我说，他遇到的最好的菜摊老板在卖给他很多菜后会送他一把香菜——这其实是迎合了人们贪小便宜的心理。还有在营销活动中，每当有赠品相送时，活动总能吸引大量的人来参与，但大部分人拿了好处就跑，不再光顾……这些都是人性中共有的部分在现实中的呈现。

人的社会属性还包含从众性、服从性、利他性等，核心是人作为群体动物需要得到一个群体的接受、尊重及认可（马斯洛五需求中作为社会性人的一个需求）。人为了个体以最划算的成本及最小的风险生存，通常会在很多情况下做出从众选择。在从众、服从及利他的基础上，外化出另外的一些社会属性行为还有：分享、认同、公平、掌控、虚荣等。

我们以航空公司为高端客户提供的服务为例：假设你是金卡、白金卡的持有者，当你乘坐飞机时，经常遇到空乘人员拿着小纸条，喊着你的姓氏，递给你一张你从来不看的报纸，送给你一瓶矿泉水，顺带问你是吃牛肉饭还是鸡肉饭，她会给你保留……这些举动虽然看着与尊享的关联不大，甚至令人尴尬，但当你的同行朋友说"哇，凭什么对你特殊对待啊？！"这时你的虚荣心立刻得到满足。对邻座投来的各种复杂的眼光，你会故作无奈并随意地说声"谢谢！"……人们都喜欢优越感，喜欢成为别人羡慕的对象。在这个社会化媒体的时代，受到特殊待遇的时刻一定要传播和炫耀，照片发布后那一排排的赞和流着口水的表情会给虚荣心带来最大的满足。

最好、最高的体验往往就是满足了人性中的虚荣心！如果获得了这个虚荣心的满足，客户可以忽略其他任何不良体验，因为终极问题得到了解决！有人买奢侈品，就是因为店员对他很冷漠，他觉得店员瞧不起他，认为他买不起，刺激了这个人的虚荣心，于是他非要买东西给店员看。接下来，整个人不但要买，还要买最贵的，尽管他此后的一年也许每天晚餐都是方便面……但是当看到别人羡慕惊讶的眼光时，他是满足的，超级的满足！那些冷漠，那些因此带来的经济上的小尴尬都算不了什么。

研究客户体验是非常有趣的事情，越研究越能发现人的精彩，人性的复杂！人有探索未知的天性，人有分享的天性，人有自由的天性，也有掌控的天性，同时人还有头昏脑涨随大流的天性！这一切构成了人的优点也构成了人的缺点，这一切是客户对企业产品和交互过程中感受好与坏的基础！

第一章 什么是客户体验

第三节 客户喜欢"我的事情我做主"

上一节我们谈"共同的需求与人性是客户体验关注的主题"时，提到"掌控"是人的社会性的一部分。人希望掌控过程、时间甚至结果。在与企业交互的过程中，这个特性常常隐藏在客户的各种需求的后面。

理想的客户与企业交互的场景是这样的（见图1.3.1）：

天上飘着两朵云，一朵是企业云，一朵是个人云。企业云的打造包含三部分，第一部分是企业自身发布的消息、广告、产品、公关内容等；第二部分是企业行为所产生的内容，比如对客户的行为、对媒体的行为、对竞争对手的行为以及客户对企业行为产生的评价等；第三部分是企业员工的行为及关联公司的行为。这些行为及信息都在企业云中，客户可以通过互联网手段随时得到，对企业进行信誉等方面的评级（非官方及组织机构评级），这意味着企业的一切定位都会曝光在客户面前，无处遁形，企业的整个行为过程是半透明或者全透明的。

图1.3.1 我的事情我做主

个人云是指每个客户在与企业交互中产生的所有信息，除了一些固有信息（如移动用户的手机号码、身份证信息、语音及流量信息等）和基本属性（如性别、年龄、婚姻状况等）外，还包括其他行为信息，如渠道行为信息、关系信息、活跃度信息、社交影响度信息、言论信息等结构化和非结构化信息。这些信息有的是客户自己填写的、有的是企业收集的，理想状态下是都在一个云里，客户可以自己管理，自己添加，并与属于自己的各种社会化账号建立联系。客户可以选择性地对不同的企业开放自己的个人信息，这取决于客户对企业的信任及对企业产品的兴趣。

客户和企业的交互过程是这样的,客户通过自己喜欢的方式如IM、社会化媒体、电话、电子邮件、网上渠道或者移动互联渠道与企业建立联系。习惯使用互联网的客户会通过移动互联设备或者互联网;一些老年人或者不习惯上网的用户会通过电话或者实体店面。客户会根据紧迫程度选择即时渠道还是延时渠道;客户也可以根据自己的习惯选择自助、互助或者人工来进行服务。客户通过这些渠道到达企业的"知识云"中。知识云由企业内部可公开的知识组成,一部分直接对客户开放,支持自助查询及与内部系统对接后,客户可以进入办理业务、获得服务或购买产品;一部分用来支持人工服务。知识云最大的特点是客户化和可视化——用客户理解的语言及方式进行知识的采编及呈现。

当客户与企业建立联系后,企业基于对客户的识别,根据客户的问题采取客户喜欢且方便的渠道以恰当的展现方式解决客户的问题。同样,由于对客户行为及客户喜好的深刻理解,营销本身也是在客户需要的时候出现,用客户喜欢的方式满足客户自己知道或不知道的需要,让客户在不知不觉中依赖企业的产品或者服务。

这一切充分体现了"我的事情我做主"的客户掌握主动权时代的到来。

有些企业担心，如果所有事情都是客户做主，难道企业要为每一个客户做一个产品？为每一个客户单独设计一个服务吗？回答当然是否定的。企业需要洞察客户，划分客户。这个划分不是传统的一刀切，而是灵活的标签式划分，就是这个客户具备特征A，同时他/她也可以具备特征B、特征C……特征N，可以同时隶属几个不同的群落，这些群落的人具有某些共性特质。根据这些特质企业设计产品和服务，在共性的基础上实现产品和服务的个性化。从企业视角来看，个性化不是针对某一人，而是针对某个群落的。从客户视角看，个性化却是"为我定制"的，仅属于"我"的。例如，我是某航空公司的白金卡会员，有一天我突然收到某航线的超值升舱信息，而那个航线恰恰是我经常飞的航线，我觉得这个奖励真是贴心，这是为"我"设计的。其实从企业的角度讲，企业发现具有共同特征的一群客户，常飞某两地，而且是卡品级别很高的客户，以往有过升舱行为。企业在评估了这些客户的潜质后，统一设计相关产品。对于这类"个性化"服务，我们暂且称为定制个性化。因为它还不是真正意义的完全个性化，完全个性化是在客户触点被触发的一瞬间由客户触点人员根据经验和热情即时产生的，而这种定制个性化是企业提前系统设计好的。

我们谈及人性时曾谈到，人性中有共性的部分，而那些共性让我们的商业活动得以顺畅的进展。也正是由于这些共性，企业能够设计制造出符合人类共性的产品，设计出符合人类共性的服务。反之，也正是由于人是千差万别的，所以在共性的基础上，企业要考虑人的个体差异。比如尊重，如果企业知道某客户从来不用某产品，却非要推荐这个产品给这位客户，这就是对客户的不尊重；但是如果企业发现某客户有某种偏好，而某款产品恰恰能够满足该客户的偏好，于是进行了推荐，那这就是对客户的尊重和重视。当然，企业推荐后，买不买是客户的事情。

"你不能强卖给我！这也是对我的尊重！"

"我的事情我做主！"

客户就是这样想的。

第四节 良好"客户体验"的四个关键词

良好"客户体验"就是企业能够满足客户需求，解决他们的痛点。

企业如何契合客户需求，迎合人性？客户如何做到"我的事情我做主"？我们用客户与企业交互的过程来寻找那些能让客户增加良好体验的企业具有什么行为（见图1.4.1）。

识别	区分	互动	尊享化
知道客户是谁	知道客户的价值 知道客户的偏好	知道何时何地何种方法与客户交互	客户的地盘客户做主

图1.4.1 客户体验关键词

首先，企业要认识客户，这就是"识别"。企业要知道客户是谁，这意味着不仅要知道他姓什么、叫什么，联系方式是什么，还要通过技术手段分析客户消费行为及交互分析内外部信息，以便了解客户真实的兴趣爱好和潜在需求，并能准确地定位客户所处群落，即把客户真正地识别出来。认出那个立体的人，他的行为特征、渠道偏好、消费趋势、社交影响力、未来价值潜力等，而不仅仅是姓名这样一个符号。

其次，基于对客户的识别，针对不同价值及群落的客户，企业提供不同的渠道匹配、业务匹配，制订不同的营销政策、产品推荐、主动服务及其他针对性的产品与服务；同时考虑高成本渠道服务高价值客户，低成本渠道服务低价值客户。这就是"区分"。

再次，"互动"。过去客户与企业的沟通模式是单向的，企业给客户发信息，客户有需求，会打电话、发电子邮件或者去营业网点寻求企业帮助。帮助结束，此次服务就结束了，企业等着客户再次寻求帮助。而现在的客户与企业的沟通模式是交互式的，意味着双向的、甚至多向的（企业建立微信群，基于此，不仅企业与客户可以互动，而且客户间也可以互动）、多次的，即使面对非企业客户，企业也需要回应和交流。这个环节的核心是企业要知道何时何地用何种方法与何种客户交互。这就要求客户与企业的互动渠道多样化，互动方式直接而高效。例如，企业提供呼叫中心、网上客服、营业网点、微信服务号等。同时，企业根据客户需求提供多种互动方式，比如，除了语音、APP人机交互外，针对操作过程可以用视频推送，针对故障排查可以用模拟演示推送（视频或者固化流程自助解决），或者针对群量问题，提供一对多直播等。互动设计需要考虑到达客户的最佳途径及客户最易接受的方式。

最后，"尊享化"。这是一个锦上添花的要素，只有在前三个要素做得很充分的情况下，才能让客户感受到此要素的效果，并起到预期的作用。这个要素很大程度上实现了"我的事情我做主"的境界。基于识别、区分及互动，客户从感知的角度出发感觉服务及产品是专属定制的。例如，基于良好客户识别及区分，企业为客户提供"专属"IVR（呼叫中心的互动语音应答系统）；当客户登录掌上网厅，在客户界面提供"专属"的产品服务推介；为优质客户，提供特别的会员服务，这些都可以彰显客户的尊贵和独特，彰显企业对客户的尊重等。

针对这四个关键词，企业需要重新考虑客户的应对能力，这种能力不仅仅体现在市场、销售及服务这些直接与客户交互的层面，还体现在系统支撑、业务流程、规章制度、人员激励机制等方面。良好的客户体验可以引导客户行为，从而正向影响运营效率及质量。企业如果想给客户交付好的客户体验，需要下一局大棋。企业不但要有战略高度，还要有落地经验。客户体验的改善不仅仅是一线部门的事情，还是企业由内而外的全局推动的结果。

第二章

客户体验管理的架构

本章重点介绍如下内容：
- 客户体验管理不是一个部门的事情，而是一个系统工程；
- 客户体验管理的首要四件事；
- 客户触点的统一管理；
- 客户数据的整体运营；
- 企业知识的客户化、智能化改造；
- 如何打造3D全景式共舞模式。

第一节　到底发生了什么

企业要牢记：客户体验管理不是一个部门的事情，而是一个系统工程。

【案例】

2014年某天中午，同事们都去吃午饭了，我坐在办公室，在A航空公司的会员页面查询积分，想着是不是可以用积分兑换两张机票。这时手机铃声响起，乌鲁木齐X公司的客服老总来电，希望我第二天下午去支持他们在总经理办公会议上的汇报。我放下电话，切换页面到A航空公司的首页，查询第二天最早飞往乌鲁木齐的航班，准备在网上订票。可是奇怪的事情发生了，我下了订单，但是网页提示我要重新登录，明明我已经在会员区登录了？无奈，我重新登录！之后连续报错，提示"密码错误！！"

我知道发生了什么，但也没办法。于是点开了网页右上角的"在线客服",呈现在眼前的字把我惊呆了:"尊敬的客户,您好,很高兴您使用A航空公司的在线客服,您前面还有31位顾客,如需等待请不要关闭……"我看了一下表,12:30。职业习惯促使我要看个究竟,于是我没有关闭这个客服窗口,准备等到客服能够和我说话。与此同时,我也开始寻找其他方法。

作为航空公司的客户,其实可选择的余地很大,A航空你不让买票,那就去B航空。

于是我打开B航空公司网站的页面,顺利登录、订票、下单、支付!等一下,支付?点击支付后,电脑界面跳到空页,显示报错信息。重复操作,依然如此。好吧好吧,我换个浏览器。(为什么要换浏览器?因为我周边很多技术及非技术时髦人士都用火狐、谷歌浏览器,他们嘲笑我还在用IE和IE内核的浏览器。为了表示我是非技术时髦人士,我用了火狐浏览器。可是有些公司的互联网交易就是不支持火狐浏览器,不支持谷歌浏览器)。但是换了浏览器,还是不行,换电脑也不行,那么我可以确定B航空公司网上订票服务在支付环节出问题了!于是,我拿起电话,拨通B航空公司的客服热线。

"您好,我刚订了一张北京飞往乌鲁木齐的票,你能帮我看看'我的订单'里有吗？"

"有的。"

"我刚才在网上支付时出了问题，我觉得是你们的系统出问题了，无法支付。你能帮我完成支付吗？"

"对不起，邢女士，我不能帮您。网上订的票只能网上解决。"

"为什么？"其实我心知肚明这是为什么……

"网上订的票我们这里无法处理，很抱歉，邢女士……"

"那么怎么办？"

"我建议您取消网上的那个订单，在电话订，就可以了。"

听到这里我内心很不安，为企业的这种跨部门不协作的行为感到无可奈何。

"那么我可以投诉吗？"我问。

"什么？您为什么要投诉啊？我哪里做错了？我没做错什么啊？您为什么要投诉啊？"

"姑娘，别紧张，我不投诉你，我投诉你们的管理。"

"……"

"你能不能把我说的记下来……"我把这种跨部门不协作的事情作为投诉内容，希望这名客服人员帮我转给后台管理部门。虽然我知道解决的希望很渺茫，但是也要试一下。

正在我郁闷的时候，助理吃完午饭回来了。我对她说："你赶快给机票代理（我们公司长期合作的机票代理公司）打电话，订一张明早最早去乌鲁木齐的票。"

三分钟后，助理拿着电话过来让我接听，说代理有话和我说。代理在电话那头告诉我：

"明早到乌鲁木齐的机票都是全价的，但是B航空公司用经济舱全价放了5张头等舱的机票，您要不要？"

"当然要！"

这时我想起A航空那个在线对话我还没关呢，想想前面有31人，这时已经是13:10，我等了40分钟，打开页面后发现前面还有一位。

"感谢您的等待，请问您需要什么帮助？"

"我想知道为什么我在会员区可以登录，可是在订票区却不能登录？"

"很抱歉，由于我们的系统正在升级，给您造成的不便，请谅解。"（我想，这是拿标准话术来对付我。）

"我在会员区是登录状态，直接点开订票页面订票，需要我再次登录，而且显示用户名密码错误。这是怎么回事？"

"很抱歉，由于我们的系统正在升级，给您造成的不便，请谅解。"

这时我有些愤怒了。

"请问我是在和'人'说话吗？"

"您好，请问有什么可以帮您？我一直在回答您的问题啊。"

"那么麻烦你仔细看看我的问题！我在会员区是登录状态，直接点开订票页面订票，需要我再次登录，而且显示用户名密码错误。这是怎么回事？"

"很抱歉，由于我们的系统正在升级，给您造成的不便，请谅解。——欢迎使用A航空公司网上订票，将会优惠五元钱。"

瞬间我怒火中烧！你不是在逗我吧？我这正生气呢，你居然给我一个订票广告，送我五元钱？无可奈何，我只好关掉对话窗口！

不过我还是很兴奋的，坐头等舱去乌鲁木齐很舒服，这段空中旅程大概就需要四个小时，并且B航空公司的头等舱是相当不错的。

第二天，我兴奋地前往B航空头等舱接待柜台办理登机牌……然后呢？没有然后，我灰溜溜地去经济舱柜台办理去了。因为美丽的柜台小姐输入了我的身份证号码后，纤纤玉指一指，嫣然一笑说："您这种情况，只能到经济舱柜台办理。"我都没好意思问"哪种情况？"就灰溜溜地逃走了。因为我理亏啊，我用经济舱的价格买的票啊，并且我身后还有好几个帅哥看着我呢！我恨不得找个地缝钻进去！太丢人了！

于是，我一直纠结到上了飞机，还纠结要不要走头等舱通道过安检（由于怕被撵回去，老老实实在普通安检通道等待），到要不要提前登机（还好，硬着头皮去，登上了），还担忧机上服务会一样吗？幸好是一样的，说实话，还是非常不错的！

【案例】

2015年的某天，某大V，著名某男网红在网上痛诉经济舱全价票买的头等舱，为什么在地面不能享受头等舱待遇⋯⋯距离我的郁闷都过去一年了，看来这事还是无解。再后来，我在很多机票代理网站上看到，如果有经济舱全价售卖头等舱票的，会附上很小的灰色的字说明"在地面不享受头等舱待遇"。我想这也算尽职了！

我想很多人有过与上述案例中某些相似的经历。那么到底发生了什么？为什么事情会和我们想的不一样？企业为什么会这样安排与客户的交互？我们来逐一分析。

"密码错误"和"网上购买的只能网上处理"，属于一类问题。这类问题产生的原因在于，会员部门和机票销售部门不是一个部门，网上购票或者电话购票时，客户接触的也不是一个部门。在企业内部，这些部门虽然同在一个公司，但是各自为政，分别管理，而且客户信息也不在一个系统里，而是在各自部门的系统中，客户数据分别保存使用，没有整合在一起。这是很多大公司的通病，或者是共同的痛。造成这样局面的原因有三个，一个是企业的历史原因。传统企业组织架构是按照业务划分的，每个渠道由不同的部门管理，缺乏统一规划，这就造成了上述的每个部门都有自己的系统和客户数据。第二个原因是这些企业不具有客户视角，没有意识到客户从外围看，不管你们分属哪个部门，都是属于一个公司的。客户找的就是这家公司，而不是某个部门。第三，由于渠道的拓展，企业会在很多渠道上开展销售工作，而这些渠道没有统一规划，使得渠道间出现竞争，追求销售业绩，很多时候会互相抢客户。这也是为什么案例中电话渠道希望我不要管那个网上订单了，用电话订吧，并且不支持解决网上渠道的问题，或者不作为网上渠道流程的下一个环节帮我解决问题。

在线客服上出现的这句话"您前面有31个顾客",有两个含义,第一,表明在线客服都是人工直接处理,不是机器人回答问题;第二,这是中午时间,通常客服中心的客户请求处于波谷阶段(就是拨打客服热线电话的人少),客服人员也正在吃饭,所以客服中心往往会安排很少的客服人员现场解决客户问题。这就像中午时段,我们去银行柜台办理业务,发现银行工作人员去吃饭了,明明有几十号人排队,却只有一个窗口可以办理业务……这是服务管理的经验主义造成的,同时也说明这些企业实际上没有以客户为核心,没有去真正了解客户需求,或者是选择性忽略客户需求。

我问在线客服问题时,网页上反复出现"很抱歉,由于我们的系统正在升级,给您造成的不便,请谅解"的答复,最后还出现"欢迎使用A航空公司网上订票,将会优惠五元钱",这是怎么回事?很多时候企业把一些长时间无法解决的问题用标准"话术"统一答复。这里A航空公司由于不同部门间的客户数据不共享,给客户造成很多麻烦,客户的询问就会很多,所以用了统一话术,说是系统正在升级。但是在案例中,我之所以后来很愤怒,是因为当客户反复询问同一问题时,客服人员不仅不能给出令人满意的答复,反而不加分辨，在标准话术后还做上了营销推广，而客户的问题恰恰是无法网上订票。这是触怒客户的严重错误！

以"经济舱全价票买头等舱票"，在地面却不能享受头等舱待遇，这件事依然是不同部门各自为政的表现，同时也是企业对供应商管控协同不到位造成的。对航空公司而言，机场地面服务管理不属于航空公司，它们无法因为一次两次营销活动协调机场地面服务资源；而在设计营销活动时，航空公司又没有让客户提前知道什么服务不能享用。客户的期望值很高，而实际接收到的服务却很差，造成巨大的心理落差，问题变得复杂化。客户会认为，明明是你航空公司让我"尊享"一把的，但是你却从另外的角度让我颜面扫地，"尊享感"荡然无存！客户当然不会说你好话，宣传也不会是正面的，尽管头等舱很好，机票不贵。

我们发现，客户体验不是一线部门的一个微笑、一个"您好"那么简单的事情，而是一个系统工程。企业需要整体布局，从客户的视角发现客户交互中的体验"噪点"（体验不好的环节），从而发掘企业内部业务流程、系统支撑、部门协同、绩效考核等的问题，进而从内而外的优化改善，企业才能最终赢得客户的赞誉。

第二节　客户体验管理开门四件事

"最开始我们就是以客户为出发点，现在只是回到起点，为了服务好客户，我们学习所有需要的技巧，开发和建造所有需要的技术。"

——亚马逊创始人杰夫·贝佐斯

根据之前我们谈到的，客户体验是一个系统工程，那么可以肯定好的客户体验是设计出来的。如何系统地规划、设计好的客户体验？如何分析哪些事情是好的客户体验的基础，哪些事情能为客户体验锦上添花，哪些事情是客户根本就不关心的，只是企业一厢情愿认为的？让我们再阅读一个案例。

【案例】"智慧是什么"

2016年初，我受某客户的委托，去现场研究银行业的"智慧银行"。我和同事参观了A银行和B银行在某地的两个示范店，参观后的感受可以用惊讶和叹息来形容。

先说A银行，它最早提出"智慧银行"的概念，这个概念非常好。B银行紧随其后，虽然没什么理念的说法，但是示范厅一点不差。上午10点钟左右，我走入位于深圳的A银行示范厅，里面空无一人。迎门站着一个身高170cm左右的机器人，幽蓝的目光显示出深邃神秘感。肚子上一个巨大的显示屏。我向它打招呼，并且问"我要开户，怎么办？"，机器人的显示屏开始不停地旋转，10秒左右，出现若干行文字，告诉我如何开户，如何办手续……大概200字。由于眼睛近视，我必须俯下身体才能看清屏幕上的字，于是一直处于鞠躬状态。我原本以为这个机器人会说话，心想也许此刻"他"不太高兴，不想说话，所以都是文字？看完内容后，我有点失望，同时也理解了"他"为什么不说话，那么一大段描述性文字，读出来多无聊啊。于是我就想调侃"他"一下，看看会发生什么，"我要开VIP户。"这下子好了，机器人的显示屏转了大概一分钟，跳出一个对话框，机器人用文字说"我是在和你开玩笑的，你实在搞不懂……"我很震惊。我知道支撑团队没有预测出客户会问这样的问题，没有编出相关的问题答案，所以……但这真是让我无语，只好不再理睬这个机器人，继续往营业厅里面走。

接下来我看到很多可触摸的桌面交互屏，高度很合适，于是开始体验触摸交互，该设备除了可以扫描身份证、银行卡，预填外，还有排号的功能。基本上所有的展示界面内容都是描述性的文字，很挑战阅读能力。其实这个桌面交互肯定是有用的，预填信息很方便，减少了柜面压力。但是我的疑问又来了。首先，到营业网点的大部分都是什么人？这些人是否能够独立操作这个交互界面？如果不能，就需要营业员指导。其次，预填本身也是耗费时间的，把柜面的排队引流到这里，客户什么感觉？第三，大量描述性文字，谁有耐心阅读？还得人工解释。之后我看到报道：由于交互柜面的存在，使得人工柜台业务处理平均时长缩短5分钟。这数字看着真漂亮，但是我想问的是"客户等待时长减少了吗？"从人工等待到人机交互等待，客户的感受真的会变好吗？

继续往里走……

眼前出现一个奇怪的显示屏，旁边放着若干像糖果一样的有机玻璃方块，分别写着理财产品、贵金属交易等字样。疑惑间，同事拿起一个透明方块放到扫描区，屏幕上显示出这一业务的说明信息，又是一段满屏的描述性文字，我问同事这个有什么用？同事开玩笑地说："逗你玩儿的作用。"

既然有触摸交互屏，为什么还要这个？难不成真的是"逗你玩儿"？也许是考虑到老人……可是老人都会用触摸屏……或者考虑到触摸设备总在排队……可是……哎，不过那些东西整齐地摆放在那里还是很好看的……

再往里走，居然还有体感交互区！这个让我狂笑了半天……我们都玩过或者见过体感交互游戏。你得站在一个特定位置，动胳膊动腿，当然在这里不用动腿儿，可是设想一下，众目睽睽之下，你傻傻地站在那里夸张地舞动胳臂，……一想就是一身汗！不过老人们倒是不用去广场跳舞了！这个设备看来很锻炼身体，因为必须大动作。而大动作的结果是什么？又是一满屏文字，眼睛近视的可能还看不到……

最让我瞠目结舌的是看到了"苹果产品展示区"——整齐崭新的苹果产品从笔记本电脑到iPad，到iPhone6s……苹果公司给了你多少广告费啊……我哭的心都有了，而且使用所有设备时都要输入密码，如果客户想要体验一下，要呼唤营业员吧，我脑子里出现了茶馆里大呼小唤的场面。这让使用安卓系统的客户情何以堪？

半年后，我在C银行的营业网点有了另外一番经历。我在大厅用自助机开户、取了互联网秘钥后，预约人工办理。在这个过程中，账户查询机告诉我，我有几张这个银行的卡。我发现有些卡已经多年未用，就把多年未用的账户的钱款转到现用账户上，并且终止了那些老账户。在等待人工办理的过程中，我无意中走进大客户室，走到一个显示屏前，突然那个显示屏亮了，上面写着"邢女士您好，这里是大客户理财专区……"，我很吃惊屏幕居然直接和我对话！我意识到我已经被人脸识别了，但是我却不知情！我的内心感受很复杂，一方面高兴的是这个银行已经系统地思考识别和区分客户，另一方面觉得隐私被窥探了……

"智慧"是什么？我常问大家。目前机器本身可以有智慧吗？仅凭技术就能提升客户满意吗？显然是不行的。企业如果想真正提升客户体验，想在提升客户体验的同时提升工作效率和质量，需要做好四件基础的事情：客户体验的测量、客户触点的统一管理、客户数据的整体运营和企业知识的客户化改造。做好这四件事，客户交互才有"智慧"的可能，客户体验才可以进行管理！

客户体验测量可以让企业知道客户是怎么想的，服务或者产品是否真的让客户感觉好。客户触点的统一管理可以让企业的信息及服务营销策略在全渠道上共享、一致。客户数据的整体运营，帮助企业在与客户的交互时能识别他/她，区分他/她，从而良好互动，精准主动。企业知识的客户化改造能让企业的客户轻松地理解和与企业顺畅互动。

"智慧"银行之所以体验不好，是因为以上几点都没有做到或者技术不成熟，无法真正提供客户自由化的交互，更没有主动及精准互动的可能。我们分别介绍这四件事。

一、客户体验的测量

很多人问我"客户体验管理到底怎么做？"，我总是会问，你觉得客户体验管理管什么？你想解决什么问题？你想系统地解决问题还是只解决单个问题？

在我们开始做客户体验管理前，我们需要区分"客户体验"与"客户体验管理"。前者是指客户对产品或服务的感受；后者指的是为了给客户交付好的感受，企业应该怎样制订战略，规划业务、设计产品，整合渠道，布局系统等。

在第一章中，我已经深入地讲解了"客户体验"是什么，来源于哪里。在需求与人性的基础上，作为个体的人对企业交付的产品及服务的感觉，构成了体验。

那么"客户体验管理"呢？我们借用伯尔尼 H. 施密特（Bernd H. Schmitt）在《客户体验管理》一书中的定义，客户体验管理（CEM，Customer Experience Management）是"战略性地管理客户对产品或公司全面体验的过程"。请注意两个词"战略性的""全面体验的过程"，前者意味着客户体验管理不是出自一线部门的视角，而是全公司整体的战略视角，它涵盖了触点、业务及管理支撑和技术支撑！后者意味着对过程的管理，而不仅仅是对结果的管理。

对企业来讲，如果管理一件事，就必须能测量，否则管理无从谈起。所以对客户体验管理来讲，首先需要搭建客户体验模型，知道客户体验需要测量什么，目标是什么，如何测量，如何验证改善的有效性等。之后的章节中我们会详细介绍。

二、客户触点的统一管理

现在，越来越多的客户来找我们，希望做全媒体接入和全媒体客户体验管理相关的项目。这是一件喜人的事情，因为大家都看到移动互联的发展，看到社会化媒体的影响力。但仅仅接入就符合客户需求吗？客户体验就会好吗？还记得我之前在A航空公司网上买票，及在B航空公司购票支付的经历吗？

多少次我们和企业手机端客服交流完一件事，再到网上PC端去看，就没有了相关信息的任何记录；多少次我们从这个电子商城或那个应用上买了一样东西，出了问题后，我们投诉无门？商城说产品不是我的，厂商说你不是直接从我这里买的……多少次我们很奇怪地先后收到3条短信，来自不同号码，用不同的措辞向我们卖同一种产品，署名是同一家公司？更别提微信或者邮件也会收到同一个产品的营销信息……这世界还可以更凌乱吗！？

企业总是抱怨，"你看，客户想要微信，我们开通了服务号，客户想要微博，我们也有加了大V的微博账号，客户想打电话就打电话，想上网就上网，我们都满足了，客户还想怎样？"其实客户不想怎样，客户就是想知道"你们是一家的吗？"既然是一家，为什么看着像仇人一样？为什么轮番骚扰我？为什么你们之间都是不通气的？为什么同样的问题你们的答复是不一样的？我信谁的？

当企业抱怨客户是多么的不讲理，客户多么的善于投机取巧时，企业真的知道客户是为什么崩溃吗？企业知道那些投机取巧都是企业自己创造的机会吗?

所以,全媒体的接入不能解决客户体验的问题,从某种角度讲,也不能提升客户体验,搞不好反而使客户体验更糟!

所以,对于所有客户的触点,企业要统一管理,要对所有渠道进行定位和整合,形成一盘棋。我们会在接下来的讲述中层层剥开客户体验管理的迷雾。部门如何协作,接触如何布局,支撑如何打造。从这里开始。

三、客户数据的整体运营

为什么要谈客户数据的整体运营?因为这意味着客户数据的整体运营能够帮助企业实现"识别—区分—互动—尊享"的全过程。因为企业无论从哪个角度,都对"我"了如指掌!

客户数据运营的目的在于企业可以取悦客户,给客户提供持续的价值,让客户主动重复购买、扩大购买企业的产品和服务,并且把这些好的消息和感觉传播给更多的人,让更多的人成为企业的客户。

很久以来,我一直在问企业最有价值的是什么?是客户数据!这件事情我喊了五六年,有人获益了,有人还是原地踏步，还不知道数据的价值。随着大数据的普及，企业逐渐认识到数据的重要性，但是依然存在一个问题，数据在哪里？怎么用？

数据就在那里，现有客户的，潜在客户的，未来客户的等，关键是很多时候企业没有去收集它们，或者像田鼠贮藏食物一样，把它们"藏"在了各个地方……这些地方还互不通气。于是就出现了之前A航空公司那样的事情，我明明"在"你的网站，但却不能在另外的板块用同样的客户信息和密码登录……因为企业在建数据库的时候，是以业务为导向的，业务部门各自为政，为了自己的业务目标建立客户数据，你会发现一个客户在同一个企业有着不同的身份和不同的面貌，各部门想用这个客户数据时就像盲人摸象，得到的都是片面信息。简言之，就是企业的数据没有统一管理，数据不共享！

其实客户希望企业了解自己，当然这种了解不能让客户缺乏安全感。例如，C银行未提前告知我的人脸信息已被采集；例如，小Z刚住进某酒店，就接到一个连锁花店的电话，知道他已来本市，送花小弟已到门口，送他一束花，以便他送给这里的朋友……为什么花店可以知道小Z已经到达此地。

原因是小Z在安装订花应用时允许了把位置共享给花店……你有没有觉得后背发凉？好吧，小Z是男人，也许不那么害怕，如果小Z是女孩呢？随便什么人都能知道她在哪里吗？

企业到底该收集客户的哪些数据？如何运用这些数据？如何让这些数据带来超好的客户体验？如何在营销、服务及会员管理中派上用场？我们会在接下来的章节中讨论这些问题。

四、企业知识的客户化改造

几乎所有企业都有自己的知识库，里面的知识都是按照企业的业务逻辑编撰的，充满了大量的专业术语和企业内部的默契语言（就是只有公司内部的人知道这个缩写或者那个语言特指什么）。企业通常会用这个知识库的内容培训新员工，我想这对新员工来说是一场灾难，不但要记住那些晦涩的专业知识，还需要理解约定俗成的术语，对于一线员工来说，还得了解如何把这些知识转化为客户可以理解的语言……企业为此动辄培训员工个把月，而员工上岗后依然一头雾水，因为客户问题根本就不是按照企业逻辑问的，语言的转化，内容理解的转化是很大的挑战。

进入移动互联时代，另一个问题应运而生，就是客户会用客户端搜索自己希望了解的东西，那么企业的知识编撰就会面临一个问题，再次编撰。因为现存的内部知识实在无法支撑客户的搜索，首先是客户问题如何定位到内部答案上，其次是如果定位到了，客户是否能够看得懂企业对问题的阐述。而随着在线客服的出现，客服人员的工作模式是复制、粘贴、拷贝，直接从知识库粘贴知识，那么同样的问题是，这些内容客户能看懂吗？

所以企业必须重新思考自己的知识库，重新梳理和整理知识，不但在结构上要支持客户端搜索，还要在内容上呈现多样化、客户化，以确保客户可以看懂。之后的章节中我们也会深入探讨此内容。

企业除了需要了解客户需求及人性外，还需要知道什么技术能够助力提升客户体验，完善客户体验管理。大数据、人工智能、移动互联、VR等这些词都不是用来说说的，而一定是用来使用的。只有当企业把关注客户的业务目标与新技术进行关联时，才能够在客户体验管理的领域游刃有余。

这里提到的四件事，"客户体验的测量"我们会放到第三章第三节中讲，因为这涉及具体体验优化的执行部分。其他三件事，是企业战略层面的事情，是做好客户体验管理的基础，就是说即使企业不会测量客户体验，不知道如何用工具去优化每一个客户体验的点，只要做好这三件事，客户体验就会大幅提升，甚至变成行业领先。我会在接下来的章节中详细阐述这三件事。

第二章 客户体验管理的架构

第三节 客户触点的统一管理

企业可以通过多种渠道和客户互动,这些渠道就是触点。企业如何统一管理触点是企业要重点考虑的事情之一。

在微信刚刚兴起的时候,很多企业都想通过微信给客户提供服务,我觉得这是一个好想法。紧接着作为客户的我就多了一些烦恼,每到月底的时候,除了会收到来自银行信用卡中心或电信运营商的短信、邮件甚至纸质账单外,现在又增加了微信!

相信不少人都遭遇过这样的情况,在买过某个知名品牌的产品后,由于留下了手机号码或电子邮箱,于是便会在一天的不同时段收到来自不同号码的短信,都声称是这家公司的,都以特大喜讯的方式告知有个什么适合的产品在促销,但仔细看过后发现针对同一产品的促销用语居然是那么的不同……于是你会很困惑,甚至觉得这些都是诈骗信息。这些信息真的是来自同一家企业，只是由于不同的部门发送口径不一致，使得信息看起来不一样。

大家是否还记得我在A、B航空公司订票经历，明明已在A航空公司的网站登录，为什么换了个页面就需要再次登录？难道不是一家公司吗？明明是一家公司，为什么电话客服不管互联网上的事情呢？为什么在互联网上下的订单，电话客服就不能帮我完成支付呢？

我相信每一个读者都和我一样，遇到过很多类似的问题，由于我们通过不同的渠道，比如热线电话、手机APP、微信或者网站、营业网点与一个企业接触，而这些渠道好像彼此间互不关联，不能认出我是同一个人，每一次都要不停地证明我就是我……在客户的眼里你们就是同一个企业，只要我和你接触过，你们理所应当地知道我是谁，无论通过何种方式，都能识别出我！可是事实并非如此。

为什么会出现这种情况，原因在于企业缺乏客户触点的统一管理。由于很多企业的部门划分是按照业务和渠道来进行的，比如热线管理属于一个部门，营业网点属于另外的部门，而新兴的电子渠道，比如网站、手机客户端、微信等又属于一个部门。这些部门不但渠道建设时是分割的，内部系统建设时也是各自独立的，客户数据不统一，与客户交互的界面也不统一。在很多情况下，这些部门还存在着某种竞争关系，比如很多航空公司，网上渠道可以卖机票，电话渠道也可以，他们各自为政，各自算业绩。这种情况下，两个部门对于客户购买需求就会出现互相不支撑的状态。从企业视角来讲，大家都在发展客户没什么不好，从客户视角来讲，这对客户却是一种伤害！短信的例子也是如此，企业的短信端口往往开放给很多部门，方便这些部门发布自己的营销活动，而服务部门也会被通知要发活动给客户，于是就出现了之前谈到的情况，客户收到了一家企业的好几个短信文本，并且所显示的发送号码也是不一样的……从客户的角度而言，客户感觉像被轮番轰炸一样，这对客户来说是非常大的伤害。

既然企业缺乏对各渠道的统一规划和统一管理，尤其缺乏的是对客户触点的统一管理，那么企业要怎样管理呢？

一、客户归一

这个说法有些不能理解。由于上文提到的，客户数据分散在企业各个业务部门，那么我们通常看到的，不同业务部门在分析客户的时候，都是从业务视角出发，比如A业务有什么样的客户，客户特征是……B业务，客户特征是……，也就是说如果客户S在不同时期购买了这个企业的A业务和B业务，在A业务分析里有客户S，在B业务分析里也有客户S。但是如果有人问客户S有这个企业的哪些业务？我相信很多企业就说不上来了。例如，一个客户在A银行不同时期开户既有储蓄账户，又有信用卡，还是理财用户，还买过贵金属，很多时候银行不能把这个客户统一起来看，而是各个业务单独看待这个客户。家电厂商也一样，客户在不同时期通过不同渠道购买F品牌的电视、冰箱、烤箱、空气净化器，但是这个厂商无法把买过这些不同产品的客户当成一个人看，也就无法知道客户拥有了这个企业的多少产品，什么产品。

只有企业转换视角，从以业务为核心转换到以客户为核心上，才能实现第一章第四节中提到的客户体验四个关键词中的"识别"，也才能在触点开端提供给客户一个良好的体验，也为后面提到的"全景客户视图"奠定了基础。

二、渠道定位与整合

如果企业想做渠道及客户触点的统一管理，首先需要做的事情是渠道定位，发掘各渠道的特征，根据这些特征匹配适应的业务及适合的客户，让每个渠道发挥自己的优势，以最优的成本为客户提供好的交互体验。

1. 渠道定位与业务及客户匹配。每个渠道的特征都是不一样的，比如电话渠道，这是以语音为核心的交流渠道。语音是流逝型内容，对逻辑、注意力、表达能力的要求都很高，这个渠道非常不适合做操作型指导的交流，比如技术支持，远程教客户操作步骤，或者告诉客户什么东西在哪里，如何设置等。同时，语言交流对语速的要求也很高，如果语速过快，电话那边如果是老年人，就会很困惑。据我所知，老年人都很不喜欢打客服中心的电话，因为听不懂。

下表所列内容是目前企业常用的渠道及简单的业务及客户匹配情况，让我们来做下对比。

渠道	渠道优势	劣势	渠道属性及发展	定位	客户
电话自动语音	•承载量大 •客户学习成本较低 •对于用户的终端要求低	用户不易理解	•远程交互渠道 •向智能语音转化	【服务】 •表述简单直接的业务 •重大事件告知 •客户识别情形下的个性化业务 【引流】 与短信渠道配合引流到微信、网站等在线交互交易渠道	正常听力的所有客户
电话人工	•亲切灵活 •提供高附加值服务	•承载量有限 •成本高 •无法可视化	语音交互渠道	【营销】 挖掘客户需求—交叉营销—促成交易 【服务】 •为高价值客户、特殊群体客户（盲人、老人等）提供服务 •承接业务复杂程度高、业务附加价值高的业务，比如投诉以及需要细致解释的咨询问题和疑难杂症的解决 【引流】 与短信渠道配合引流到微信、网站等在线交互交易渠道	正常听力的所有客户

(续表)

渠道	渠道优势	劣势	渠道属性及发展	定位	客户
在线机器人*	•7×24小时 •节省人工成本 •采集客户需求 •可视化 •可植入任何互联网渠道	•有技术瓶颈 •运营管理要求高 •目前用户需要具备文字理解能力	•互联网交互渠道 •向更智能发展，结合语音文字全功能	【服务】 •客户常见问题的前80%的解答及呈现 •客户识别情形下的个性化业务呈现及办理 为所有人工渠道采集 •客户信息及行为轨迹 【营销】 客户识别情形下营销信息的呈现	具有良好互联网习惯的用户
在线人工*	•可视化 •亲切灵活 •提供高附加值服务 •可植入任何互联网渠道	•成本高 •目前用户需要具备文字理解能力	•互联网交互渠道 •结合语音文字混合交互	可以与任何渠道协作，几乎可以承接全业务 【营销】 挖掘客户需求—交叉营销—促成交易 【服务】 •为高价值客户提供服务 •承接业务复杂程度高、业务附加价值高的业务，比如投诉以及需要细致解释的咨询问题，和疑难杂症的解决	具有良好互联网习惯的用户

(续表)

渠道	渠道优势	劣势	渠道属性及发展	定位	客户
短信	适用所有手机持有者	交互效果差	信息发布渠道	【营销】 与电话渠道配合发布营销信息；主动推送营销信息 【服务】 满意度评估；与电话渠道配合发布服务要点；主动推送关怀信息 【引流】 与电话渠道配合引流到微信、微社区及交易渠道	所有手机用户
微博	传播范围广泛	信息透明，不良信息传播迅速	社会化媒体	【营销】 • 发起活动—转发激励—引流交易渠道 • 信息发布—树立服务品牌形象 【服务】 快速响应—引流解决—引导客户发现交互渠道	微博用户

(续表)

渠道	渠道优势	劣势	渠道属性及发展	定位	客户
微信	•7×24小时 •用户依赖性强 •可以发布信息也可以交互	界面受限，业务展现及交互不丰富	•社交平台 •远程轻交互渠道	【营销】 引入—分享激励—捆绑激励—信任建立（娱乐性、同乐性） 【服务】 自助—便利服务—分享激励—捆绑激励 【引流】 引导到企业交互交易渠道	微信用户
企业APP	•7×24小时 •服务范围广 •应用创新多 •方便快捷 •客户各项数据留存	•客户导入困难 •对用户体验的依赖很大	•远程交互渠道 •可发展虚拟现实应用	【服务】 •自助服务为主，可以客户互助及人工服务 •几乎全业务（咨询、查询、业务办理、投诉等） •针对客户识别后的个性化服务 【营销】 针对客户识别后的个性化营销	所有智能手机持有者

(续表)

渠道	渠道优势	劣势	渠道属性及发展	定位	客户
网上营业厅	•7×24小时 •信息可无限拓展 •展示效果多样 •可深度分析客户行为习惯	•载体受限 •缺乏时时可用性	•远程交互渠道 •可发展虚拟现实应用	【服务】 •自助服务为主,可以客户互助及人工服务 •几乎全业务(咨询、查询、业务办理、投诉等) •针对客户识别后的个性化服务 【营销】 •营销展示及交互 •针对客户识别后的个性化营销	•PC上网客户 •具有自助设备的营业网点
营业店面	•亲切灵活 •提供高附加值服务	受空间和时间的限制	•面对面交互渠道 •可发展虚拟现实应用	【营销】 挖掘客户需求—交叉营销—促成交易 【服务】 •需要当面确认的限制性业务 •为高价值客户、特殊群体客户(老人等)提供服务; •承接业务复杂程度高、业务附加价值高的业务,比如投诉、以及需要细致解释的咨询问题和疑难杂症的解决 •企业形象及业务的体验展示 【引流】 引流客户到其他远程交互渠道	到店客户

（在这些渠道中，"在线机器人"和"在线人工"是两个独立渠道，同时作为工具，也可植入其他互联网渠道中提供服务。）

通过以上对比，我们能够明显看出各渠道的差异，这些差异决定不同的渠道适用不同的业务和客户。企业在渠道规划及建设时需要根据渠道的特点发展，而不是一窝蜂发展。

例如，在微博刚出现时，风行一时的说法是"不需要电话客服了，微博客服就很好！"，这造成很多企业客服人员的恐慌。当时我也经常会被问到同样的问题："客服中心（电话为主的服务中心）还有存在的必要吗？"我都这样回答"当然有！微博不是一个渠道，是媒体！在媒体上做服务就等于自杀……"为什么这样说呢？媒体和渠道最大的区别是，媒体是公开的，而社会化媒体更可怕，不但是公开的，还具备了"病毒式"传播的属性；渠道是全封闭（如电话、微信服务、在线服务）或者半封闭的（如营业网点、微信朋友圈、论坛），服务由于涉及很多个性化及隐私内容，不适合在开放场所提供，特别是类似投诉这样的几乎完全个性化的情况。对微博来讲，其定位就是在公众面前树立形象——对客户提出的质疑快速响应及责任承担，更多展现企业社会责任感的一面、阳光向上的一面，获得客户的信任。所以服务性质的微博不是用户越多越好，而是要对客户反馈响应及时，以良好的表现维护企业形象，把不良传播控制在封闭渠道中，给客户制造满意。

在所有渠道中，营业网点是企业最近几年最纠结的地方。随着移动互联网的发展，服务提供越来越方便，网上购物也成为习惯，实体网点萎缩成为不得不面对的现实。在2010年前后，全球各大银行都开始缩减营业网点（如2007—2011年的5年时间，汇丰和恒生网点撤并整合幅度达24%），重点发展以电话及互联网为主的远程渠道，同时开始探讨网点的转型。来自2015年2月《银行家（北京）》的一段报道针对转型提出四个方向。

在网点转型方向上包括以下四个方面：第一个是智能化方向。在互联网金融和同业竞争双重压力下，发展智能化银行是银行改善客户体验的一个重要选择。前不久北京分行在西单刚开业了一家智能银行，拥有智能终端、智能打印机、产品领取机等40多台自助机具，智能自助服务覆盖40余个业务品种。智能设备的广泛应用大大降低了柜台服务的压力。近期海西支行也布放了一些智能设备，客户服务体验的感觉比较好，提高了服务效率，减少了排队时间。

第二就是轻型化方向。传统营业网点面积比较大、人员多、运营成本高，今后银行渠道建设会倾向于自助化、智能化发展，网点将具有面积小、人员少、成本低、业态灵活和多渠道融合等特点，网点营销服务功能进一步凸显。这方面，同业有不少好的做法，比如开办咖啡银行，值得基层支行学习的。

第三是社区化方向。很多银行都在大力发展社区银行，比如民生银行在这方面的发展就比较快。工行也在尝试，把一家位于西四环的郦城支行改建为"理财+自助"型的社区银行，正在探索这方面的经验，今后还要积极尝试。

第四是体验化方向。现在互联网金融对传统银行网点的冲击是有的，但并不能完全替代网点。对大多数的银行而言，在较长时期内网点仍将发挥重要的前沿阵地营销作用，是银行开展经营、强化客户体验的重要平台。同时，今后越来越多的客户不再满足于传统服务，而是追求高品质的个性化服务，这要求银行竞争从拼数量向拼便捷、拼体验等方面转变。从这个意义上讲，未来银行网点转型的关注点应该多放在如何提升客户体验，给客户提供更便捷的服务等领域，实现客户从"到店"到"逛店"的转变。

其他行业，如电信运营商也面临着营业厅客流量持续下降的局面；百货实体店大规模停业或重新调整业务方向：美国的梅西百货，2015年关店14家，2016年关店36家，中国的万达，2015年7月宣布关闭了46家百货店……（数字来源于"南方财富网"）

很多人问实体渠道还有希望吗？我的回答是"当然有。但是企业需要想清楚用什么吸引客户？"客户是有逛街的需求的，是有浸入式体验（五感都获得感受）的需求的，是有与人面对面互动的需求的……如何满足这些需求，是实体店未来发展的关键。

对微信和APP，很多企业很纠结。它们面临两个问题，一个是微信客户群落很大，客户使用习惯了，自带吸引力，但是微信是别人的，客户数据都滞留在别人的平台上，获取客户行为等数据有困难；另一个是APP虽然是自己的，但是客户为什么要安装它？如果很多功能微信都能实现，客户才懒得装APP。所以企业要考虑各个渠道的优势，扬长避短，用微信作为入口，引流客户到后端企业自己的平台进行深度交互和办理业务，把客户行为等数据留在企业自己的平台上。而APP

的核心优势在于体验好,客户用了觉得方便简单,不仅享受了个性化且尊享的服务,还有很多小便宜(优惠)可占,用上就离不开了。

2. 渠道整合。作为一家企业,仅仅渠道定位清晰是不够的,因为就像我之前谈到的,客户对企业的感知是整体感知,在客户眼里每个渠道都不是独立的,是企业整体与他交互的一部分。不是渠道各自很好,各扫门前雪就够了,必须考虑渠道间的关系,如何配合、统一。所以渠道的统一管理很重要,需要有机构对渠道进行整体策划,从定位、业务、客户策略到渠道协同,整合管理(见图2.3.1)。

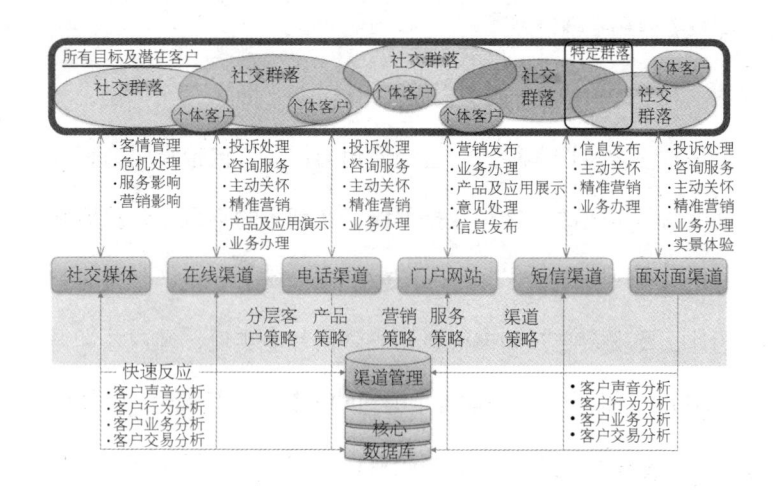

图2.3.1 渠道协同

2015年底，某银行总行从组织架构上整合了渠道的管理，成立了"渠道管理"部门，统筹运作全渠道的服务、营销、客户体验等。这是一个里程碑式的变化，打破了过去条块分割的渠道状况，从统一视角去看客户与企业的交互。不过渠道整合背后还需要有个强大的支撑，就是"核心数据"的整合，这家银行目前还未完成此整合。这里的"核心数据"是指除了客户与企业交互后留存的业务数据、交易数据外，还应该包括客户的行为数据，例如咨询查询办理等渠道行为。很多企业目前已经集中了业务及交易数据，没有把行为数据集中，这是不够的，面对渠道统一管理，会失去很多分析客户、识别客户、针对性地为客户提供个性化尊享服务的可能性。

　　所以渠道整合有两个前提，一个是核心数据的集中管理和综合调用；一个是渠道定位要清晰，根据客户场景全面梳理渠道间关系，让客户无论在哪个渠道与企业交互都不会出现盲点和噪点，都能顺畅地解决问题，意识不到背后有哪个机构是如何运作的。举个不太恰当的例子，企业的各个渠道及组织就像人体的各个组织一样，如果有一天你强烈地意识到你的肩膀的存在，那么就意味着你的肩膀出问题了，而这个问题不一定是肩膀本身，也许是颈椎出了问题压迫某神经……只有当你的机体内部经络通畅、各组织各司其职时，你才不会意识到肩膀或脚的存在……

做好渠道整合，在业务层面需要五个支撑策略：分层客户策略、产品策略、营销策略、服务策略和渠道策略，这五个策略与其他策略是相互关联，彼此交织的，一起形成了渠道管理的整个立体矩阵。

◎分层客户策略：指要对客户进行画像，用科学的方式分类客户。很多企业目前还在使用很基础的分类方式，如消费额、时间年限等，这些维度都不足以描述客户的状况。客户分层需要既基于现状又着眼未来，既要看到客户目前的贡献，还要预测出客户未来的价值；不但要看到客户自身的贡献，更要看到客户在某些群落（圈子、社群）的影响力；不但要了解客户的购买习惯，还需要洞察出客户的潜在需求。这个分层需要基于数据的分析及挖掘，再扩大一些的话，还包括大数据层面。通过客户与企业交互行为的内外部数据，对客户进行动态分层。例如，一个航空公司的白金卡客户，其价值也有很多区分，包括按里程攒够资格的和按航段攒够资格的，买全价票的和买折扣票的，自己掏钱的和公司报销的，差异都非常大。在做客户分层策略时，需要细致区隔客户行为背后的可能性，才可能给客户传递真正所需的服务及产品。

◎产品策略：指企业的产品要在客户心里树立一个什么形象：低价？品质好？身份象征等？一个企业可以有一个单一产品策略，也可以有立体化产品策略。例如，苹果手机，高价且体验好，就是单一产品策略的体现；而华为手机的产品策略则是提供从高端到低端全梯度的产品，适合不同客群。对企业来讲，用什么产品策略都没关系，关键在于产品的外在表现必须与策略匹配、与目标客户匹配。拉开梯度的产品，不同梯度产品的感知需要明显区隔，高梯度产品在"价格+外观+性能+使用体验"等维度，至少某一两个方面要明显好于低梯度产品，否则企业是对不起其所聚焦的那些客户的。客户一旦不满意，离开企业，那么企业的产品策略就失败了。

◎营销策略：是指在公司总体营销策略下，比如4Ps、4Cs还有现在流行的4Rs或者4Is[①]的概念（见章节后"扩展阅读"），针对某些产品、某些渠道、某些客户，企业采取的具体策略，如以哪个渠道为主，其他渠道如何配合；目标客群是谁,针对这些客户应该采取什么样的传播内容、传播方式;什么是这个产品的卖点、引爆点和持续升温的增值点等。

◎服务策略:指针对不同客户、不同渠道、不同产品企业提供什么样的服务。例如,企业是仅提供远程服务支撑,还是也提供店面及上门服务,它们之间的关系是什么?针对所有客户采用同样的服务标准,还是采用不同的服务标准?希望客户更多地使用自助服务还是人工服务?例如,亚马逊,作为一家电商企业,默认所有客户都具有良好的互联网习惯,那么当客户遇到问题时,客户有能力通过互联网渠道自助解决,所以亚马逊从来不告诉客户它们的服务电话是多少,并且不太欢迎客户直接拨打客服电话,而是让客户通过互联网自助解决,如果实在无法解决了,可以留下详尽信息,由客服给客户拨打电话。

◎渠道策略:指企业在什么渠道上卖什么产品给什么客户,如哪个渠道作为主要营销渠道,什么渠道作为主要服务渠道?这些渠道间的关系是什么?如何做好客户、产品、渠道之间的匹配?很多公司把微博清楚定义为媒体之后,对于客户在微博上的公开抱怨,采取积极响应的策略。当有客户在官方微博或者在自己的微博中抱怨企业的某些事情时，通过舆情监控，公司第一时间找出客户的抱怨，第一时间反馈给客服，客服几分钟内迅速响应，通过公开途径向客户致歉，同时会发私信给客户，建议私下解决问题（封闭解决客户问题的概念），不在微博评论等公开场合解决。

渠道整合是一个战略性决策，需要通盘部署渠道及渠道支撑。如果不能做到像某银行那样所有渠道归一个部门管理，也需要从流程层面击穿渠道间（部门间）壁垒，以客户角度梳理场景及流程，从执行层面上实现渠道整体运作。

三、全景客户视图

【案例】

2014年6月的某一天，我打电话给A电信运营商客服中心，因为我发现从3月起，连续三个月我的话费都是以往平均话费的两倍。虽然我知道这是由于做项目连续出差导致，但还是觉得很郁闷。另外，我还有两个疑问：第一，我的话费明显高出很多，为什么A电信运营商不提示我？第二，为什么A电信运营商不给我推荐套餐？你可能会觉得我对电信运营商的期望过高。但是在我看来，这三个月中我收到A电信运营商的短信不止三条，不是推销某个套餐，就是促销某个产品，唯独没有我想要的……我拨通电话，说明情况，希望电话那头的客服人员给我推荐套餐，但是却发生了让我意想不到的事情……（见图2.3.2）。

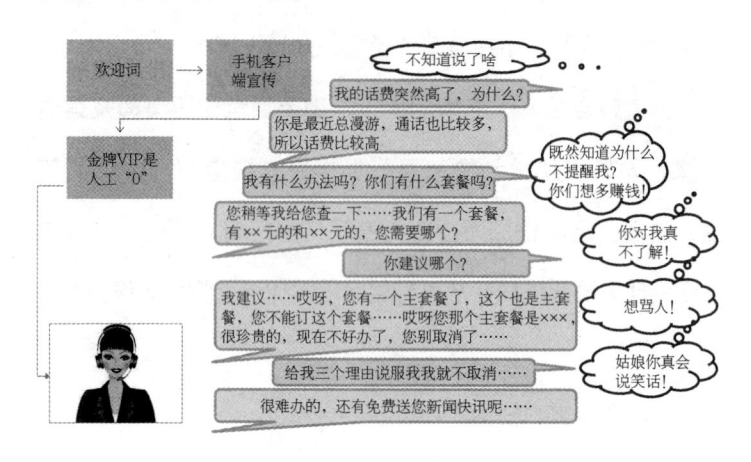

```
欢迎词 → 手机客户端宣传
                    不知道说了啥……
         我的话费突然高了，为什么？
         你是最近总漫游，通话也比较多，所以话费比较高
金牌VIP是                既然知道为什么
人工"0"                  不提醒我？
         我有什么办法吗？你们有什么套餐吗？  你们想多赚钱！
         您稍等我给您查一下……我们有一个套餐，
         有××元的和××元的，您需要哪个？   你对我真
                                    不了解！
              你建议哪个？
         我建议……哎呀，您有一个主套餐，这个也是主   想骂人！
         套，您不能订这个套餐，哎呀您那个主套餐是×××，
         很珍贵的，现在不好办了，您别取消了             姑娘你真会
         给我三个理由说服我我就不取消……             说笑话！
         很难办的，还有免费送您新闻快讯呢……
```

图2.3.2　优化前交流过程

和IVR的对话有些无聊，还好我是金牌VIP客户，可以直接进入人工服务。进入人工服务后，每一个问题都是我问，客服人员被动回答。右边云框里是我对她每一个回答的心情感受。你会发现，当我问为什么话费增加时，她告诉我漫游；当我说你能不能帮我看一下有没有什么套餐时，她让我等一等去找；当我说我要订某个套餐时，她查了一会儿才发

现我不能订；当我问她原因时，居然给出的都是我认为即可笑又没价值的理由——你已经有一个主套餐了，所以不能再订另一个了（漫游是主套餐？），我不知道什么是主套餐，希望她能够解释，客服人员实在解释不出来，我让她告诉我什么不是主套餐，她终于舒了一口气说"比如流量包"。而当我说我要取消那个"已经有了的"主套餐时，她告诉我最好别取消，因为"这个取消后就很难订了……因为送你新闻快讯……"

"我不知道你在说啥？""既然知道为什么不提醒我？你们想多赚钱！""你对我真不了解！""我想骂人""姑娘你真会说笑"。这就是我整个过程的心理。

这件事情之后，我一直在想哪里发生了问题？如果客服中心座席前有个视图，能够展现我的全部状况，如果他们提前洞察到了我的情况，并且主动推送一条提醒短信，如果还更进一步为我推荐了可用的套餐，会怎么样？（见图2.3.3）

"我收到短信，提醒我连续两个月费用激增，因为我漫游比较多，还推荐了套餐，我想咨询下。"

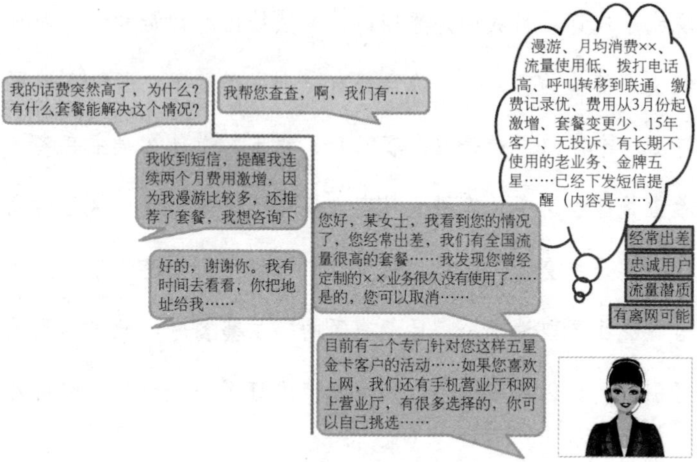

> 我的话费突然高了，为什么？有什么套餐能解决这个情况？

> 我帮您查查，啊，我们有……

> 我收到短信，提醒我连续两个月费用激增，因为我漫游比较多，还推荐了套餐，我想咨询下

> 您好，某女士，我看到您的情况了，您经常出差，我们有全国流量很高的套餐……我发现您曾经定制的××业务很久没有使用了……是的，您可以取消……

> 好的，谢谢你。我有时间去看看，你把地址给我……

> 目前有一个专门针对您这样五星金卡客户的活动……如果您喜欢上网，我们还有手机营业厅和网上营业厅，有很多选择的，你可以自己挑选……

（思考气泡）漫游、月均消费××、流量使用低、拨打电话高、呼叫转移到联通、缴费记录优、费用从3月份起激增、套餐变更少，15年客户、无投诉、有长期不使用的老业务、金牌五星……已经下发短信提醒（内容是……）

- 经常出差
- 忠诚用户
- 流量潜质
- 有离网可能

图2.3.3 优化后的交流过程

"您好，某女士，我看到您的情况了，您经常出差，我们有全国流量很高的套餐……我发现您曾经定制的××业务很久没有使用了……是的，您可以取消……另外目前有一个专门针对您这样五星金卡客户的活动……如果您喜欢上网，我们还有手机营业厅和网上营业厅，有很多选择的，你可以自己挑选……"

"好的，谢谢你。我有时间去看看，你把地址给我……"

好像一切都不一样了！是什么让这样的交流发生？我们再次谈到数据，没有数据的洞察，我不会提前收到短信。另

外一个重要的事情就是我们要在数据洞察的基础上建立一个全景客户视图，这个全景客户视图在这个案例中，表达为座席右上方的那些标签。座席在接听我的电话前，提示她这个客户有几个特征"经常出差、忠诚用户（持有这个运营商的号码15年）、流量潜质、有离网可能（因为后台数据库中客户登记的紧急备用号码是B电信运营商的号码）"。这些标签是已经组合过的结论性标签，是通过图中座席头上方云中的"漫游、月均消费××、流量使用低、拨打电话高、呼叫转移到联通、缴费记录优、费用从3月起激增、套餐变更少、15年客户、无投诉、有长期不使用的老业务、金牌VIP……已经下发短信提醒（内容是……）"等组合得出的。

更细致深入地讲，全景客户视图就是客户所有交互交易信息都呈现在一个界面，让客户触点人员在与客户交互时，对客户了如指掌，针对性地为客户提供服务与营销推荐。全景客户视图的背后是数据的集中及统一运营。

全景客户视图包含以下几个要素。

1. 用户标签。用户标签来自两个方面，一方面是根据历史数据，由大数据综合产生的，另一方面是在与客户交互过程中，人工或者系统自动打上的。在全景客户视图中能够展现出的标签是综合标签,代表了客户的属性及特征、分群情况及潜在价值取向,综合了客户的个人属性、社会属性、购买习惯、购买记录、交互行为、地理位置、社会影响力、社交影响度等基础因素,能够给一线交互人员带来直观提示性作用。

例如,在刚才的那个案例中,对于我个人会有很多零散的底层标签"漫游、月均消费××、流量使用低、拨打电话高、呼叫转移到联通、缴费记录优、费用从3月份起激增、套餐变更少、15年客户、无投诉、有长期不使用的老业务、金牌五星……"有时候一个客户可能有数十个底层标签,这些标签如果不经过加工组合,直接呈给一线人员,会是一场灾难,而如果呈现的标签为"经常出差""忠诚用户""流量潜质""离网倾向"等,则可以让交互人员立刻定位如何与我交流。

2. 全媒体沟通。全景客户视图中包含了全部与客户交互的渠道及渠道信息。客户交互人员可以随时查询任何一个渠道的历史记录,并能够根据关键词搜索。

3. 全交互记录。对客户与企业的交互场景可视化呈现,客户咨询次数、客户购买次数、服务次数、维修次数、投诉次数、参与活动次数等均按照生命周期节点呈现,同时各节点信息历史行为可以查看。通过用户历史行为的呈现,客户交互人员可以了解用户对品牌的忠诚度、交互特点、情绪升级等信息。

4. 全产品使用状况即时呈现。当客户拨打电话时，通过远程故障排查系统或者监控系统（物联网）对客户持有本企业的产品及服务状态进行扫描，判断客户来电的可能原因，及时推送给客户交互人员。

5. 主动关怀及精准营销提示。可以根据标签及历史记录形成客户价值取向及潜在需求等概括信息，可以直接形成主动关怀及精准营销提示推送给客户交互人员，增加沟通效率及客户体验。

全景客户视图是以客户归一为基础，渠道整合后的一个非常重要的工具。集合了大数据背景下的所有客户数据，能够展示给客户交互人员一个立体的客户面貌，针对服务、销售、合作伙伴等人员都有重要的价值。对资深员工，能够帮助他们综合考虑客户情况及场景，提供非常主动细致的个性化服务；对新员工，由于有全面信息的呈现和主动关怀精准营销的提示，可以使他们免于忙乱、不知所措。总之，都能为交付好的客户体验提供帮助。

扩展阅读

①4Ps、4Cs、4Rs和4Is的概念

• 4Ps指产品(Product)、价格(Price)、渠道(Place)和促销(Promotion)，由密西根大学教授杰罗姆·麦卡锡(E. Jerome McCarthy) 1960年提出。4Ps是以企业为视角的营销思路。

• 4Cs指顾客(Customer)、成本(Cost)、方便(Convenience)、沟通(Communication)。1990年，美国学者劳特朋(Lauterborn)教授提出了与4Ps相对应的4Cs理论。4Cs是以客户为中心的新型营销思路。

• 4Rs指关系(Relationship)、节省(Retrenchment)、关联(Relevancy)和报酬(Rewards)，是2001年美国的唐·E·舒尔茨(Don E Schultz)提出的。4Rs侧重于用更有效的方式在企业和客户之间建立起有别于传统的新型关系。

• 4Is指趣味原则(Interesting)、利益原则(Interests)、互动原则(Interaction)、个性原则(Individuality)，这是适合互联网时代的网络整合营销原则。

第四节 客户数据的整体运营

不管是大数据还是小数据,企业首先要知道数据的价值,然后才能谈到如何采集数据,运用数据。Salesforce的创始人兼CEO Fred Shilmover在一次采访中说:"你要么利用数据,做出更好决策,要么你就忽略这些数据,让别人超过你。"

2010年前后,我就常在公开演讲中谈到数据的价值。在我看来,客服中心最有价值的是数据,因为这里拥有企业任何部门都没有的客户声音,以及很多客户的行为数据。对于很多非互联网或非直销企业来讲,只有客服中心知道客户是谁、来自哪里,大概的行为特征是什么。但是很遗憾,那时候还不足以引起大家的重视。

随着大数据的兴起,人们开始谈论数据,但是紧接着面临的困境就是数据在哪里?都是什么数据?按照企业传统的管理模式和IT建设模式,几乎各个部门都有自己的系统,各自存着与客户相关的数据。例如，营业网点管理部门有营业网点服务过的客户数据，客服中心有客服中心服务过的客户数据，网上营业厅有网上客户的数据……这些数据都没有整合在一起，因为各个渠道识别客户的方法不一样，没有一个统一的识别标识，使得客户数据的整合变得比较艰难。企业无法知道网上渠道的客户A，实际上就是电话渠道的客户B。另外还有一些问题，这些渠道由于没有做数据整体采集的规划，所以即使是互联网在线渠道也有可能没有很详细地记录客户的行为轨迹。那么到目前为止，企业唯一可能集中管理的数据是什么呢？是交易数据！企业一直管控客户的交易数据，因为传统管理认为交易是最重要的，就连CRM系统中对客户关系的判断也是客户的交易行为，几乎没有其他行为。这在现在已经过时了！

一、数据让企业具有洞察力

尽管我们一致认为是企业领袖的直觉和高瞻远瞩决定了企业的战略和可见的未来，但是我们看到数据正越来越多地影响着企业的创新力和竞争力。亚马逊如果没有对客户数据的深入分析，就没有各电商争相效仿的各种客户洞察后的关联推荐，如买过这本书的人还买了什么；没有对客户行为的深入跟踪和分析，就没有沃尔玛那个著名的"尿片+啤酒"的案例，那么货架品类之间的关联也无从谈起。我曾经看过一篇报道，通过对F1赛车与选手操控之间的数据采集来调整赛车手的动作及车的性能，能大幅提升车的操控、速度及安全，而对运动员的数据的整体采集及分析也是现代体育迅猛发展的基础……麻省理工学院一项针对数字业务的研究发现，那些在大多数情况下都进行数据驱动决策的企业，它们的生产率比一般企业高4%，利润则要高6%。数据无处不在，就看你是否有思想去运用。

二、数据对企业的整体价值

我们看看数据对企业的整体价值〔见图2.4.1，图片来自Infosys（中国）CTO羊冬昭先生的演讲材料，经过羊先生授权使用〕。

图2.4.1把数据的价值诠释得非常清晰。数据最终用于数据基础平台、业务运营监控、用户体验优化、精准营销推送及预警、战略分析几方面。

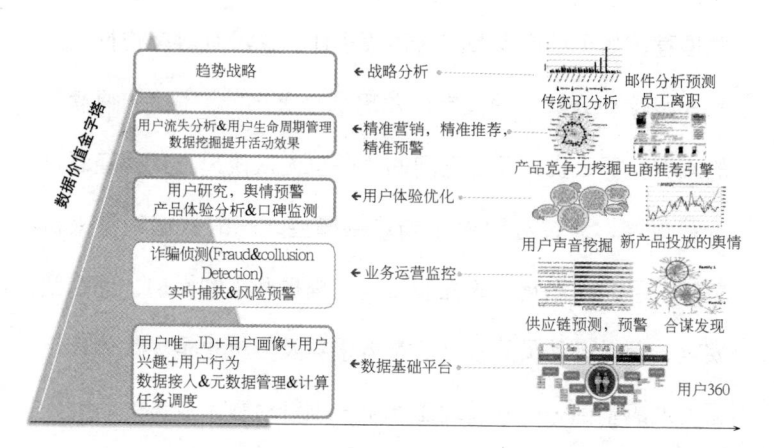

图2.4.1 〔图片来源于Infosys（中国）CTO羊冬昭先生的演讲材料〕

1. 数据基础平台，指数据用于对一线交互的支撑，比如构建用户全景视图，客户的画像，通过数据清洗，设定用户唯一ID来整合客户数据，对客户进行画像。在这里，技术的核心是数据的接入、元数据管理及计算任务的调度。

2. 业务运营监控，指从全生命周期角度对整体业务运营进行监控，包括对供应链、合作伙伴的监控、预测与预警，还有合谋的发现。这里的核心是风险预警、实时捕获和诈骗侦测。

3. 用户体验优化，指通过用户声音的发掘，客户行为的测评，对产品、业务设计等提出相关优化建议，同时可以对新产品新业务的市场投放进行预测，对公共媒体上的客户舆情进行监控。这个层面的核心是用户研究、舆情预警、产品体验分析和口碑监测。

4. 精准营销、精准推荐、精准预警，指通过对客户的深度挖掘，洞察客户偏好及行为动向，做到精准推荐、产品关联，及客户离开、潜在投诉等行为的预警；通过对营销投放的跟踪，做到营销效果的评估及精准营销；同时对产品竞争力进行挖掘。这个层面的核心是用户流失分析、用户生命周期管理、数据挖掘提升活动效果等。

5. 战略分析，通过传统BI系统进行分析，同时根据内部员工交流工具信息分析，做员工流失预测及原因分析，为企业内部运营管理及战略发展提出建议。

三、企业如何运营数据

数据价值的体现来自数据良好的运营。企业如果要想整体运营数据，需要知道都有什么数据，如何建立数据间的关联，并且知道数据如何应用。

第一，企业都有哪些数据？企业数据可以分为客户数据、业务数据、运营数据、系统数据。

◎客户数据。客户数据包含客户特征数据、客户行为数据和客户消费数据三部分。客户特征数据又包含个人属性（如姓名、性别、年龄、受教育程度、职业、收入、家庭状况等），地域信息（如常用地址、常住地、气候环境等），个性信息（如态度、生活方式、价值取向等），影响力信息（如特定职业、社交媒体地位、社交状况等）。客户行为数据包含交互行为（习惯与企业哪些渠道交互？交互轨迹及内容是什么？交互过程中的态度及表现等）、购买行为（持有什么产品？购买偏好？持续购买周期？扩大购买倾向？购买价值等）、使用行为（产品使用偏好、使用熟练、意见反馈等）、扩散行为（对产品、服务或者品牌的褒贬，是否通过社交媒体扩散，影响度如何等）。客户消费数据又包括客户的消费总额、单笔额、周期、趋势等。

◎业务数据。业务数据包括业务表现、业务客户群、业务渠道表现、业务趋势、市场占有情况、业务NPS等。

◎运营数据。又分产品运营数据、服务运营数据及管理运营数据。产品运营数据指产品研发、生产、发布等全生命周期过程中各项关键数据。服务运营数据指客户满意度、服务效率、质量、服务过程的各项数据。管理运营数据指公司成本、效益、人力资源等各方面的数据。

◎系统数据。主要指IT系统的运营数据。

这些数据有些是以结构化形式存在的，也有很多数据是非结构化的，如来自客服中心的电话和在线沟通的数据、工单内容，还有像社会化媒体上大量的客户声音等数据。企业需要把非结构化数据纳入分析运用的体系中，否则将缺失很多重要信息，无法全面做出判断，数据的价值将大打折扣。

第二、企业还需要有数据关联的概念。以上四类数据都不是独立存在的，它们彼此之间相互关联。例如，运营数据会受客户行为数据的影响，简单说，企业的运营行为会影响客户行为，而客户行为反过来也会影响企业的运营行为，这些影响会体现在数据上。如果企业不去分析数据，就无法发现这种影响关系。

例如，在客服中心，很多企业面临的是客户来电太多，而人员有限，那么采取的运营策略是让客服代表尽量多地接起电话，于是考核平均通话时长和电话接起数量。那么客服代表就会尽量缩短每通电话的时长。结果是什么？客服代表语速很快，急于挂断电话，很多时候客户问题没有完全解决，客户在客服代表语速及技巧的压迫下挂断了电话，但是很快发现还有一个疑问，于是再拨电话……这就造成了大量的重复拨打。所以当我们查看来话数据时，发现来话量很大，但是深入分析数据后，就会发现重复来电很大，有的几乎占比40%……这就是运营与客户行为的关系，而这个关系在数据上可以看到关联。

再如，我们在分析营销活动的效果时，不能只看营销的可达性，还要看活动后客户的参与情况，还要跟踪活动后某段时间内客户的行为。企业看数据，不仅仅要看关联，还要看关联后的持续行为，这才能说明问题。

第三，数据的应用。企业必须把数据运用起来，如果放到那里就等同一堆垃圾。在前文中我们已经说明了应用场景，这里我们具体举几个与客户体验直接关联的数据例子。

我们之前提到主动关怀的概念。在什么时间对什么客户做什么关怀是需要在客户洞察的基础上进行设计的。通常我们把对客户的关怀分为对人的关怀和对人所持有产品的关怀，其实总体都是对人的关心。

我们也提到过精准营销的概念。给什么客户在什么地方展现什么营销内容，这也需要在客户洞察的基础上进行设计。精准营销通常分为基于单一客户偏好及动向的精准营销和基于客户分群关联后的精准营销。

在实际交互过程中，服务与营销的界限并不是那么清晰，很多营销机会是在服务过程中产生的。

我是A电信运营商18年的老客户，特别希望每年在自己入网日这一天收到这个企业给我的特别关怀，如煽情的感谢短信，感谢我这么长时间的不离不弃，或这一天专门给我一些优惠（免费拨打电话、免费流量或者几倍积分等）。这就是企业对个体客户实施的主动精准的关怀。现在，各企业流行的客户生日祝福在我看来已经过时了，不如取消，因为客户不希望在这么特别的日子，收到的只是企业一声不痛不痒的问候。企业如果真想关心客户，就来点实惠的，如生日当天送客户积分，只因为客户过生日，而不需要任何交换条件（我常收到因为我过生日，所以在这天刷卡就会积分翻倍。可是我为什么一定要刷卡呢？），或者获得某种折扣，或者被邀请参与某种代表荣耀的活动……

对于所持有产品的关怀，常见的就是空调换季免费清洁或者换滤网等。那么是否可以做得再个性化一些？数据分析出一个客户的冰箱用了8年了，最近有过搜索冰箱记录，并且客户在购买本企业另一款产品时标注了一个新的送货地址……经过数据洞察后，企业会根据这些特征为客户推送冰箱保养知识、推荐新的冰箱销售活动，同时提供客户新住址周边门店信息……这样的关怀及营销的组合是建立在数据基础上的。

　　同时，我们通过数据洞察，发现购买某个产品的客户购买另一个产品也会很多，这就是我们常在电商网站上遇到的"买过XX的客户也买了YY"，或者"猜你喜欢"等，都是数据深度应用的场景。

第五节 企业知识的客户化、智能化改造

工欲善其事,必先利其器。

——孔子《论语·卫灵公》

【案例】

一天我收到这样的一条短信:尊敬的客户,只要您6月和7月使用4G套餐产生4G流量且国内通用流量使用达1G或3G(赠送流量不计入),次月4G套餐不退订、不降档,即可于次月10日前获赠1G或3G本地4G流量,限赠送月XX公司4G网络使用,回复"用满1G送1G"了解活动详情。编辑CXGLL至XXX号码查询当月国内通用流量使用量。现对4G套餐用户免费推出安心包服务,套外流量费达10元免费加油至100M,回复KTAXB10免费开通。

这段话,你读了几遍才看懂?这里面说了几件事?为什

么会这样？我在写这个案例时，还是稀里糊涂的！

四年前，一个世界500强公司的知识库管理部门和我探讨"企业应该有几个知识库？""是不是应该有两个，一个给客户看，一个给内部一线人员看？"当我问为什么不能是一个，既能支持客户又能支持内部时，他们回答"因为客户看到的是客户化的，而内部看到的是专业知识……"我又问，为什么内部人员不能看客户化的知识，他们说"因为内部人需要知道的比客户多……"我在想，客户化与内部人员需要掌握比客户多并不矛盾，但是企业没想明白一件事——知识库是为了解决客户问题的，也是为了帮助企业一线人员解决客户问题的。

为什么会出现内部知识晦涩难懂，当客户化时就要再重新做的情况？这是因为企业最初解决客户问题都是由人工去解决，人作为企业知识与客户之间的中间介质，把晦涩的内容转化成客户能听懂的内容表达出来。但现在不同了，客户在寻求帮助时不仅仅是打电话，还可以在企业的官网上搜索，在APP上输入关键字查找，与在线机器人交流获得帮助……所以出现了企业编撰两遍知识的情况。

基于现在客户交互渠道的多元化，客户与企业交互模式的多样化，企业的知识库必须进行改造。

一、客户化

知识库编撰要考虑用客户能懂的语言表述，同时内容展现要体现客户逻辑。这就意味着少用专业术语和企业内部语言，同时考虑客户在渠道内的交互习惯和思考逻辑。以本节开篇的例子来说，它有几处明显硬伤。首先是大量使用内部用语，比如2G、3G、4G，既指网络又指流量，绕晕了客户；使用"不降档"这样的词语，客户也是很难理解的；其次是没考虑客户对短信的习惯认知——就是一个短信只能讲一个内容。而这里分明讲了三个内容，一个是"买1G送1G"，一个是当月流量查询，一个是流量充值包。我能理解企业希望一次性多传递信息给客户，但却事倍功半。从客户的角度讲，如果一个短信三行内（大概不到3秒的时间）客户没看懂在说什么，就不会再看了，由此带来的传播效果是非常有限的，甚至是负面的。

【案例】

我曾经在2016年北京最强寒潮突袭前收到一家银行信用卡的短信提醒，一手机屏的内容，第一句是"天冷心不冷，我们温馨地提示您明天将降温10度以上……"第二段很长，好像是个营销活动，可是我只记得这个企业对我的关怀，我看完那句关怀提醒后，心怀感激地关了短信，干别的去了。之后我做了一个小小的调查，把这个内容发到朋友圈，让大家告诉我三秒内看到了什么？是否还看了接下来的内容？大概有70%的人都只觉得太温暖了……然后，没看！

二、智能化

企业考虑智能化的时候，需要做到下列三点。

1. 支持精准、模糊甚至拼音查询；支持标题和全文搜索。传统知识库由于通篇是文字，甚至以附件形式存在，导致很多知识库不支持通篇搜索，就会出现当需要查找某项业务或者服务的价格时，一线人员看到的是满屏的文字，像大海捞针一样寻找客户咨询的某个细节……

2. 知识元素化。把一个知识分成若干相对独立的单元，方便查询时精准展现，避免了在大段文字中寻找答案，同时方便知识元素间建立关联，如两个产品间在某些性能方面的对比，同一内容在不同场景下的调用等。

3. 使用场景化。之前我们谈到，现代知识库既支持企业工作人员自己使用，也要支持客户从客户端网站等搜索或者查询。客户端搜索时要根据客户场景，除了展现直接需求的知识外还要关联展示客户可能感兴趣或者下一步会执行的内容；企业内部人员使用时，不但要知道向客户表达什么，还要知道内部的操作流程、系统操作等。知识呈现的可扩展性变得很重要。

三、一点采集，多点使用

1. 知识采集模板化。把知识采集变得简单方便，让知识库编撰人员的注意力在客户化和业务更好的呈现上，而不是在重复编写知识上。

2. 知识呈现多样化。支持文字、图片、声音、视频等方式呈现，以最适合的方式呈现给使用者。内容可以在PC端网站、移动端APP、微博、微信、短信和IVR中呈现。

3. 知识使用多元化。除了客户使用及内部人员使用外，知识库还支持培训和考试。由于知识梳理场景化，内容元素化，支持客户化的人员培训，节约培训成本和提升培训效率与效果，知识库帮助员工充分利用碎片时间掌握训练知识。

知识库就像是士兵打仗的兵器弹药，用顺手了，企业就虎虎生威，用不顺手，再强的兵也是枉然。在社会化媒体时代，在移动互联时代，知识库的技术构造和业务形态都必须符合使用者的习惯和适应渠道的变化。

第六节 打造3D全景式共舞模式

如何全方位的与客户互动？这是企业需要思考的问题。

2014年，我们和合作伙伴为中国家电品牌"海尔"打造了一个"全媒体智能客户平台"。这个平台是以全媒体接入、大数据支撑、360°客户视图共享的客户交互平台。目前这个平台已经投入使用一年多了，还在不断地完善和优化中。

在设计这个平台蓝图时，我最开心的是如今的技术支持能够实现我们很多设想。从设计的角度来看，不怕异想天开，就怕没有想到。企业的管理人员需要了解最新的技术，及时发现这些技术能给自己的企业带来什么样的创新。很多客户体验的创新来自技术的推动。上文谈到的客户触点的统一、数据的整体运营及知识的客户化与智能化，虽然来自业务人员对客户洞察后从业务的视角进行考虑和设计，但是如果没有现有技术的支持,是实现不了的。

客户的整体管理应该在一个平台上(过去的CRM是不够的),在这个平台上可以实现企业对客户的全面支持,从客户怎么进来到如何交互和交易,这个平台甚至要把企业对服务商、供应商的支持也纳入进来,这意味着企业要整体地运作客户,无论是从哪个渠道进来或者出去,都能做到对客户的识别、区分、互动与尊享地提供。这就是全媒体智能交互平台。说白了就是打造一个航空母舰,"海陆空"全面支持客户,无论客户是通过电话、手机APP、社交媒体、即时通工具、网站与企业交互,还是亲自来到营业网点,企业都能准确地识别出客户,为客户提供属于自己的服务和产品,让客户感受到专有的尊享。

一、全媒体智能平台

全媒体智能平台的场景如图2.6.1所示。

1. 平台的基础。全媒体接入,与客户相关的企业内外(外指合作伙伴)相关系统接入,数据的整体运营,这里面包含了某种意义上的所有数据(大数据),客户触点的统一管理和客户化智能知识库的支撑。

图2.6.1 全媒体智能平台的概貌

2. 平台的使用者。首先是最终用户，也即个体客户；其次是大客户，就是那些商业用户；还有企业的经销商，就是那些委托销售企业产品的合作伙伴；再有就是服务商，就是那些为企业的客户提供服务的合作伙伴。

3. 平台的交互。平台使用者根据不同的权限，通过手机、PC甚至VR进入平台。使用者也可以直接到营业网点通过现场智能设备进入这个平台。平台可以实现产品/服务查询、咨询、购买、后续服务申请、产品/服务评价反馈等全过程业务，同时可以跟踪服务的全过程，对客户使用产品或者享受服务过程中的反馈进行记录。平台会根据客户的身份、标签等信息提供精准主动的互动内容，而使用者与平台的整体交互变成标签记录在平台上，为下次使用提供更精准便捷的背书。这些信息又会根据不同的权限，反馈相应内容给不同角色的平台使用者。

4. 平台的价值。平台可以让客户、企业和合作伙伴多方受益，是一个共赢的局面。企业和合作伙伴对客户整体状况充分了解，在企业内部把客户价值最大化。同时对客户来讲，由于企业对客户足够了解，企业提供给客户的价值也会最大化。在现今时代，客户可选的空间越来越大，客户越来越不忠诚，谁能够最大限度地在某些领域交付良好的客户体验给客户，客户就是谁的。而平台化恰恰是提交好的客户体验的基础。

那么我们重点看看在这个平台上，用户是怎样与企业和企业的合作伙伴交互的？

二、从人机到人人的交互

考虑到企业要节约成本及客户使用习惯，这个平台的交互方式分为人机交互和人人交互两种。这两种交互模式的目的都是为了达成客户需要，交付良好的体验。

1. 首先，客户是怎么进入这个平台的？客户可通过两种方式进入。第一种是客户自进入。当客户在某些渠道购买产品或者本身是产品持有者时，就已经进入了这个平台。客户的基本数据和购买行为、产品及消费数据会被记录下来，客户也有了初步的标签，同时客户与企业通过各种渠道与企业服务人员等进行交互时，也进入了这个平台，平台也会记录下客户与企业的交互行为信息。随着物联网的发展，网器数据直接进入平台，客户通过网器使用直接产生平台数据交换，也是进入的一种方式。第二种是企业主动出击，在一些公开或者半公开渠道，获得一些人的信息，直接纳入这个平台，这些人可能是企业的已有客户，也可能不是企业的客户，后者我们称之为潜在客户。这些潜在客户也会被贴上标签，以便企业之后与他们交互。

2. 其次，当客户与企业的触点发生交互时，系统根据客户价值进行细分，同时考虑客户偏好、业务复杂度等信息，把客户引入人机交互或者人人交互。从某种角度讲，企业的策略是80%的客户需求可以在人机交互中完成，20%的客户需求在人人交互中完成。

人机交互中，客户通过企业的"业务机器人"与企业进行交互、完成咨询、查询、办理、预约、人工前预处理、信息采集、调研、评价等业务。好的人机交互能够让客户喜欢这种不被打扰的沟通模式，利用碎片时间处理相关事项。

人人交互，更多是针对人性化沟通的内容，比如投诉抱怨的化解，深度需求的挖掘，销售的促进，及针对弱势群体的支持。

人机—人人交互模式是无缝切换，根据业务场景，企业在后台设置阈值，可以在约定场景下，自动从人机转换到人人交互；或者可以把选择权力交给客户，由客户选择交互模式。

互助模式是人人交互模式的一种。它在网络游戏公司很风行。玩网游的人会有很多专家级的人物，他们有自己的论坛，社群，他们之间的帮助和交流比企业与客户的交流更有效。这种模式实际上是一种众包模式。它可以利用客户的专业知识帮助客户解决问题，这种信任感和企业与客户的黏性反而会增加。

3. 在客户与企业进行人机—人人交互过程中，这种模式不但要满足客户的需求，还有可能促成销售、发现商机；无论客户的初衷是服务需求还是产品咨询，都可能交叉产生机会。例如，当一个客户咨询流量不够用的时候，就意味着这位客户有潜在增加流量的需求，那么推荐给客户合适的流量包就是顺理成章的。例如，上门安装客户新买的空调，很可能家里同品牌空气净化器滤网要换的延展服务就产生了。

4. 无论是人机交互还是人人交互，这个过程既是标签的使用过程，也是标签的生成过程。标签的生成有两种方式，一种是企业沉淀的客户数据，通过技术手段直接生成客户标签，形成客户画像。这些标签特征会应用到客户与企业的交互过程中。同时在交互中，还会产生新的标签。有些标签是系统自动产生的，如客户偏好的渠道、客户地理位置等；还有些标签是交互人员手工打上的，如客户易怒、客户属于专家型、经常提问非常专业的问题等。

5. 在整个交互过程中，要形成交互过程自我管理优化的机制。以客户互动为主导，构建评价的闭环。在以往服务或者产品购买的交互过程中，客户很难自己选择服务提供者或对交互过程进行评价。在交互平台上进行人人交互时，如果企业资源许可，可以将交互提供者信息公示，包括人员照片上墙（上微信、客户端APP、PC服务界面等）、服务人员星级适用技能及过往被客户的评价等。客户可以选择交互提供者（如客服人员、上门安装人员、技术支持人员、客户经理等），在交互完成时，通过自己的手机端等对服务进行评价，或者直接留言评论。这些信息也作为企业考核合作伙伴的依据（如服务提供商，经销商等），而企业也可以将其作为人员考核的依据。

三、"智能"带来的快感

【案例】

我是一个上网习惯非常好的人，并且不太喜欢打电话，能自己处理的事情都自己处理。前不久我下载了A运营商的APP，登录后查询我到底都定了什么业务，结果……

我："我开通了什么业务？"

机器人："本机套餐业务查询方式，请您明确您要办理什么业务，如'办理来电提醒''取消彩铃''开通家庭套餐计划'等。网站查询套餐业务请点击A运营商网站，查询时需要手机号和服务密码（或随机短信登录）；短信方式，本机编辑……（省略内容）到XXX（客服号码）可查询本机下月办理的语音、短信、数据流量套餐等；编辑0000到XXX（客服号码），可根据提示取消增值业务。

为您找到如下相关问题：

怎么开通副号码业务？

办理的WIFI业务怎么用？

我开通多地一家的业务了吗？

亲爱的用户，我的回答是否解决了您的问题？ 解决 没解决。"

我看得很费解，并且想"这样啊，那我打电话给客服好了……"

是不是体验超级不好？

为什么会这样？

因为它不"智能"！

最近智能机器人炒得很火。我曾经参观过一家做客服智能机器人的公司，他们介绍机器人有多少万条的语料库，并给我举例，输入"你哥哥是谁？"这样的话，机器人给了个搞笑的段子作为答复。我很吃惊，问他们这个机器人是干什么用的，答曰"服务客户的"。我又问，那么为什么让客户调侃它呢？答曰"让对话自然化，像人一样……"其实我很不赞成把与客户交互的机器人做成人机聊天工具，我更希望那个机器人是能够真正解决客户问题的设备，而不是插科打诨的"人"。现在的技术还不具备使机器能洞察人的意图的能力，那么"智能"的焦点不应该在聊天，而应该在解决客户问题上。

怎么才能在"解决客户问题"上做到"智能"呢？

1. 重新命名机器人，去掉"智能"二字，用"业务机器人"替代。这样降低企业对机器人的期望值，正确认识目前技术的局限性，把机器人使用的焦点放在满足客户需求、解决客户问题上。

2. 正确认识机器人的智能来自三个主要方面，第一是对客户场景的洞察和业务逻辑的客户化。所以要让机器人"智能"，企业的业务人员必须谙熟客户，了解客户的交互逻辑，在交互场景上考虑客户的业务及心理需求。第二是需要与客户内部客户管理系统、业务系统等系统对接，才能够达成"智能"。就以我和A电信运营商APP交互的案例为例，我希望当我登录后，机器人能够知道我是谁，我的问题的呈现要和我匹配，当我问"我开通了什么业务"时，呈现给我的是我的业务内容，或者跳转到我的业务界面，而不是告诉我怎么查询业务。为什么会出现这种情况？因为机器人没有和内部系统对接，只有单独编撰话术的独立的系统。第三是客户化用语，比如某电信运营商经常提到WLAN，我曾经问机器人是否有免费的WIFI时，机器人还是一味地回答WLAN。

WIFI这样的用语已经很通用了，可爱的电信运营商依然执着地和你自说自话！

3. 人机交互在设计达成客户需求时有三个路径。第一个路径是人机交互直接解决。一般咨询、查询都可以，前者只需要编撰话术，不需要其他系统支持，后者需要对接内部系统。第二个路径是引导客户办理业务、预约等自助完成交易。这个路径需要洞察客户场景，建立场景关联，同时需要设计引导模板，并与内部业务系统对接。第三个路径是进入人人交互。这需要设定一些规则，比如投诉抱怨类，直接进入人工，或者设定客户选择进入人工，或者设定当客户同一问题操作了三步还未解决，即强行切入人工，不要让客户困惑下去。

对于业务的"智能"，我们再看一个比较好的案例（图2.6.2来自携程手机APP）。

基于场景的客户交互，没那么多聊天，只聚焦在解决问题和客户可能关心的其他问题上。在解决问题的同时不但提供了答案，还和内部系统对接，让客户可以直接自助办理业务（见图2.6.2左边的"订单列表"，可以直接点击进入自己的订单列表进行操作）。"小游猜您可能还想了解"是关联场

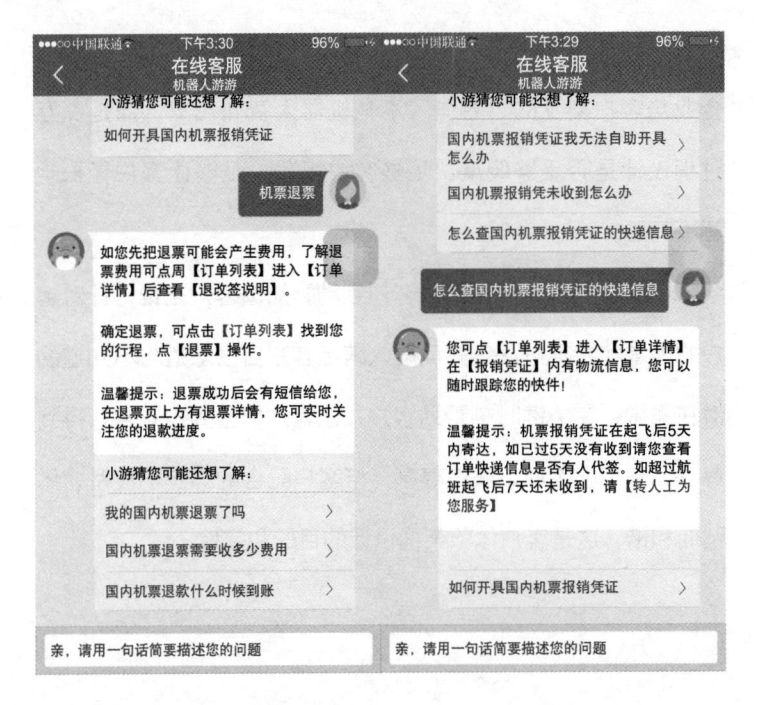

图2.6.2 业务的"智能"案例

景，客户可能在这个问题下还关心其他关联问题。在提供了答案、自助途径后，对于可能的情况，做了人工的入口（见图2.6.2右边的"请转人工为您服务"）。这些操作对客户来讲比电话沟通要清楚，因为我之前谈到过，语音是流逝的（除非沟通时，你进行录音），无法一遍遍再现和留存；而文字或者图片、视频传达的信息是可以留存反复看的，如果引导得好，客户可以不用思考直接就能解决问题。所以目前企业与客户交互的"智能"不是机器人智商几岁，而是交互过程设计是否足够傻瓜，足够客户视角，足够让客户轻松地解决问题。

"海陆空"立体化地与客户互动，知道客户是谁，针对客户的需求和特征解决客户问题，满足客户自己知道与不知道的潜在需求，在关键时刻帮助客户，让客户体验到被重视，得到尊重，满足虚荣心，获得尊享，与客户配合的脚步不凌乱，体贴而和谐，这是客户体验架构设计的目的和宗旨。

第三章

客户体验管理的方法

客户体验管理是需要方法、策略和测量指标的。本章重点介绍如下内容：

- 客户体验管理的管理架构；
- 有效互动的客户体验管理体系；
- 客户体验的测量；
- 客户体验改善的方法。

第一节　客户体验管理的管理架构

客户体验不是一线部门或者一线员工的事情，需要企业从战略到后台的全面支撑。

很多一线部门询问我如何提升客户体验，每当这个时候我总是很犹豫是否要告诉他们真相：客户体验绝不是单一一线部门的事情，而是企业从战略层面进行全面部署的事情。

【案例一】

一个客户曾与某企业的客服人员接触，咨询事情，发现因为自己换了一个手机号，客服人员不认识他了，还叫错了他的名字，他告诉客服人员这是他的第二个电话号码，麻烦她记录下来，下次别再叫错了。第二次他打进电话，客服人员仍然称呼错误，他又耐心纠正，第三次依然错误……于是这位客户投诉，投诉处理人员告诉他一位客户只能绑定一个手机号码，第二个不能识别……

我想很多人会遇到类似的问题。你认为这是一线部门一线人员能够自行解决的吗？这涉及业务流程、客户关系管理、系统支撑等方方面面的问题。

【案例二】

一家企业找我说要提升营业网点的服务质量，因为营业网点的客户体验非常差。这是一家电信运营商，从客户的视角看，营业网点首先应该是提供好的基础服务，其次才是卖一些服务及产品（手机终端）。从企业内部管理来看，最简单的方法就是绩效导向。这家企业考核要看市场部门的销售指标，而营业网点属于市场部门，于是营业网点考核营业人员的销售业绩。后面的事情不用想也知道，营业人员以推销为第一目标，而服务可以忽略不计。结果是营业网点自行制订销售策略，当客户咨询或者需要开通某项服务，如果该项服务不在绩效考核范围内，营业人员就以必须买某项产品或者服务为条件，否则不给办理客户需要的业务……而在设立营业网点内的各种自助设备，由于不和任何人的销售绩效挂钩，根本就没人管理……开始的时候，这个企业希望整改，改什么？培训一线员工，增强服务意识，市场部门还提出什么重新设计VI及客户动线等。我直接告诉企业管理者这不解决任何问题，因为关键在于企业作为战略敦促部门执行的核心是销售，企业考核的是销售，企业没有在任何执行监控和激励环节中鼓励一线人员关注客户体验，那么一线员工怎么可能去关心客户体验呢。因此所有的改进手段其实都是得过且过式的，治标不治本。这个案例涉及绩效管理，还可能是公司整体层面的绩效，基层部门有能力改动吗？其中也涉及流程、业务支撑及系统支撑，如自助系统如何与客服人员进行关联，如何让客户使用起来更方便等。

以上两个案例涉及的问题都不是一个部门就能解决的，需要公司几个部门联动，决策层支持。我们发现能数出来的、交付好的客户体验的公司，都有一个共同的特征——公司灵魂人物把客户体验当作核心，并且成功地让这种文化渗入到每一个部门和绝大多数一线员工的身上，如谷歌、亚马逊、星巴克和苹果。否则，客户体验管理就是一个说起来好听，看起来很美，却是一个停留在标语和口号上的东西！虽然客户体验好坏体现在触点部门（比如客服中心、营业网点、网上营业厅、手机营业厅等），但是根据我们以往调研及研究的结果显示，80%以上的客户体验问题来自后台支撑，这里面包括了IT系统、知识系统、业务设计、流程、规章制度、人力资源等。如果公司不从战略层面重视客户体验，意识到客户体验会帮助企业赢得更多市场份额和更多客户的忠诚，一线部门只能孤军奋战，再为客户体验呐喊，收效也是甚微的。

我们一起探讨客户体验管理的管理架构，希望能给迷茫中的企业带来一些启示。

客户体验管理的管理架构源于决策层的客户体验战略，在这个战略的指导下，企业的组织架构、考核体系、渠道运营模式及质量改善机制都会有很大的变化（见图3.1.1）。以决策层的战略目标为导向，以提升客户体验为目标的持续改善机制为整体运营依托，构建基于客户体验的指标设置与分解，以满足客户体验为导向的产品设计及服务设计，以支撑提供最优客户体验为核心的流程设计及行为规范，以统一客户交互平台为概念的渠道管理及系统支撑，以提供良好客户体验为激励目标的人员选拔培训及考核机制，以协同交付良好客户体验为基础的合作伙伴管理机制。

图3.1.1　客户体验管理的运营支撑

一、源于决策层的客户体验战略目标

企业需要真正地把以客户为核心作为整体战略的出发点，在此基础上调整长期及短期战略目标。市场占有率、营业收入及利润依然很重要，但是企业需要考虑拓展市场及增加营收的过程是否会损害客户体验。企业需要重新评估客户的价值，对客户进行更细化的分层分群；需要平衡客户体验与成本的关系，综合规划客户、渠道与业务（产品）的匹配；需要更科学地构建内外部联动的指标体系，以确保内部运营管理的优化真正是基于客户体验提升的。

二、基于客户体验的指标设置、分解与关联

在客户体验战略目标下，不但要设置业务指标，还要设置客户体验指标，如NPS及满意度指标作为总指标。企业内部需要把这些指标层层分解到各业务部门及支撑部门，不但关注结果指标，还要收集、测量、评估过程指标，把过程与内部执行行为进行关联，以确保运营行为对指标的支撑。具体内容将在之后的章节中介绍。

三、以满足客户需求为导向的产品设计及服务设计

传统企业在设计产品和服务时无外乎两种方式，一种是抄袭，因为别人有，所以我也有；一种是拍脑袋，觉得这是个好主意，因为偶然想到某个点子或看到某项看起来可用的新技术，就将其变成产品或服务，或是在原有产品或者服务上改良升级。不是说这两种方式不可用，而是说这两种方式风险很大，很多时候使得企业的产品脱离了事物的本源，变成一个虚浮的、看起来很美、却没啥用处的东西。例如，之前因为很多餐饮企业炒"互联网+"的概念，某牛腩就是其一，所有被概念吸引首次去品尝的客户，回来后都说不会再去，原因很简单——不好吃！或者不如想象得好吃！再如，

我去参观某高端橱柜品牌的产品，感觉其用尽了高科技元素，很炫。但是我就问了一个问题，平常谁做饭？如果高端品牌切中高端用户，那么做饭的大部分是保姆，如此复杂的高科技，保姆能使用的得心应手吗？一旦出现问题，系统瘫痪，保姆应该如何维护？在我看来，好橱柜的客户体验是动线合理，储藏合理，无论空间大小，都能够在满足洗、切、炒的基础上，减少人的复杂行动，增加人的行动空间。所以很多时候，企业的产品和服务是否是客户真实需要的东西？是否真正能击中客户的显性或者隐性的需求？企业必须足够倾听客户的声音，分析客户反馈的正面及负面的信息。

很多企业在设计产品或者服务前，会采取一些方式与客户沟通，征求客户意见，但是我们在以往的咨询经历中发现企业的沟通方式很不专业，如问一些引导式的问题，或者随机选择一些问题让客户作答，这不能获得客户的真实需求。另外，还有很多企业在产品或者服务设计完成后象征性地问询客户是否感兴趣等。这样的方式都不能获得客户的真实需求，同时也无法真正对产品及服务的设计或优化起到作用。

另一方面，很多企业非常不重视来自一线的客户声音，尤其是对产品质量、相关政策和流程方面的反馈内容，只关注一线的服务态度,这也是不能真正把客户体验落地的一个重要原因。

四、以支撑提供最优客户体验为核心的流程设计及行为规范

我们一般会从梳理客户场景、触点蓝图开始整理客户与企业交互的过程(这个过程是以流程方式呈现的,起点于客户,终点也在客户,形成完整闭环。与我们通常所说的业务流程的最大区别在于关注的核心点不同,蓝图更关注客户体验,而通常所说的业务流程更关注内部协调与风险管控),并且通过这个方式来优化客户体验。企业内部的流程都会指向对一线交互的支撑,在流程设计中要考虑的是客户触点的简单方便,那么很多时候是需要内部流程的穿越与复杂化作业。企业在做流程设计中,不是不要控制风险,而是需要寻找一个风险控制与客户体验的平衡点,借助新技术手段来加强管控,而不是通过给客户制造麻烦来加强管控。

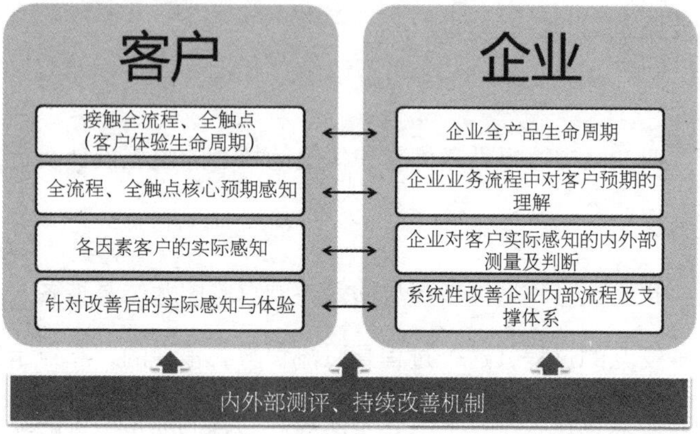

图3.1.2 客户交互时的体验与内部流程之间的关联

图3.1.2很清晰地表达了客户交互时的体验与内部流程之间的关联，企业在内部流程及支撑设计时要很好地理解客户的预期，并能够对客户的实际感知进行评估，根据评估结果再去优化相关内容，包括流程及行为规范。

例如，某些应用需要客户输入银行卡的卡号，这个操作对客户来讲很烦琐，而且出错的可能性非常大，那么银行最先采取的方式是输入两遍卡号，但是这无形中增加了客户的操作复杂度，客户体验自然不会好。之后很多企业启用了拍照功能，直接拍照银行卡，通过系统识别生成卡号。这就是从客户体验出发，同时兼顾考虑风险管控两个方面来解决问题的方式。为了这个拍照，后台技术方面需要很大的支撑。这种支撑是为了提供更好的客户体验。

五、以统一客户交互平台为概念的渠道管理及系统支撑

在我之前列举的航空公司案例中，大家可以感觉到很多问题出在渠道的割裂管理上。客户对企业不同触点的统一管理非常敏感，很多时候虽然不能从专业角度意识到问题出在哪里，但是感觉会很不好。那么企业需要考虑"统一客户交互平台"的概念，就是所有渠道需要统筹管理，而不是各自为政。之前我们谈到中国银行从总行的角度对渠道进行统筹管理，由一个部门管理全渠道的营销、服务及客户体验。我想这是非常重要的战略，真正体现了对客户的关注和重视。那么执行效果就要看其他支撑是否跟上脚步了。

如果对渠道实施统筹管理，那么作为业务支撑的重要工具IT系统就要进行改造，这也是一项浩大的工程，需要业务部门和IT部门一起协作，站在整体战略和业务的视角去规划，不然系统的改造只是局部的优化。关于这个内容，之后的章节会详细阐述。

六、以为客户提供良好体验为激励目标的人员选拔、培训及考核机制

企业在抱怨触点人员不以客户为导向为客户提供服务的时候，没有注意到内部绩效考核并不考核客户体验，更多的是考核效率和销售指标。人员培训也是更多地侧重业务培训，一个为期两周或者长达一个月的新员工入职培训中，服务意识、客户体验类的培训几乎只有一两天的时间，而业务培训，也仅仅是知识的灌输，并没有从客户场景入手。这些都会限制触点人员及支撑人员对客户的认知，从企业文化层面上无从了解客户体验的重要性。

七、以协同交付良好客户体验为基础的合作伙伴管理机制

现代企业交付一个产品或者服务，很多方面都是合作伙伴提供的，如我们企业的APP是合作伙伴开发的，企业的产品递送是合作伙伴递送的等。在客户眼里，我是因为信任企业的品牌而与企业产生关联的，那么我和企业交互的全过程都要符合企业的品质，当问题发生时不要和我说这是别人提供的，请给我一个符合企业品牌形象的解释和交代……这是客户的心声。要交付良好的客户体验，对合作伙伴的管理就要

纳入整个管理平台。就像20世纪末21世纪初，六西格玛在制造业盛行，而制造商会把供应商纳入六西格玛的考量和管理范围一样，企业需要建立合作伙伴客户体验管理机制，协同交付客户体验良好的产品及服务。

八、以提升客户体验为目标的持续改善机制

几乎所有公司都有质量管理部门，目的是对产品或者服务进行质量监控，并促进改善。我们在以往的咨询过程中发现大部分质量部门的监控标准来自企业内部，而不是来自客户。例如，在客服中心，质检主要检查的是业务准确和业务规范及礼貌等。这样使得一线人员在与客户交互时关注点在是否合规上，而不是对客户真实需求的发掘和客户感受的捕捉。于是客户经常发现服务人员像机器人一样与自己交互……客户体验自然不会好。持续改善机制需要建立在以客户体验为核心的指标导向上。

总之，客户体验管理的管理架构强调的是以客户为核心，从战略层面部署，业务策略及整体运营策略围绕着提升客户体验，最终给企业带来扩大的市场份额，增加客户忠诚度、收入及利润的提升。

第二节 建立内外部有效互动的客户体验管理体系

要想管理一个事物,企业必须知道它是什么,它是如何运作的。

经过几年的研究和实践,我们建立了一套完整的360°客户体验模型。这个模型是进行客户体验管理的基础,可以用于客户体验的测量、场景梳理及客户行为与客户体验关联分析,找出客户体验不好的根因,同时寻找客户体验提升的关键脉络。

一、客户体验模型概述

360°客户体验模型(见图3.2.1),模型主体分为三部分,从左往右看,分为体验层、情感层和行为层。

体验层:指客户通过各个渠道与企业进行交互的过程,也是我们常说的"触点"交互——客户在企业的触点上与企

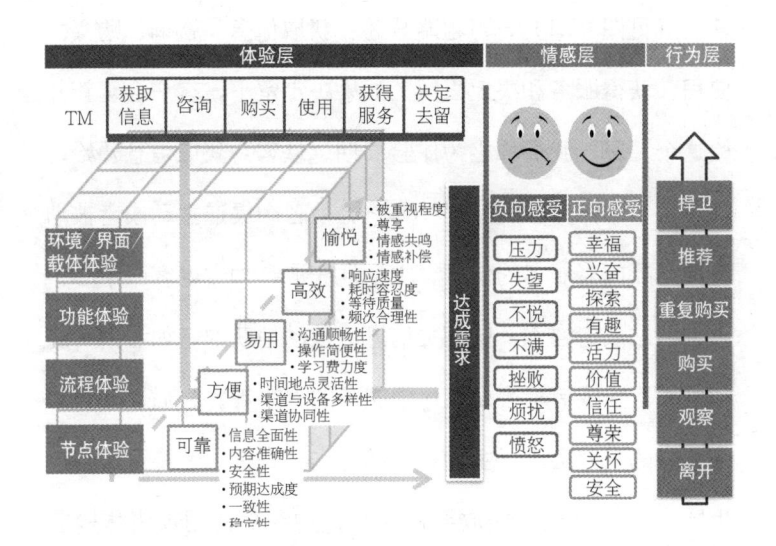

业交互的过程。这个触点可以是机器，也可以是人。例如，通过电视广告看到我们的产品或者服务，通过自助终端或者手机APP中的机器人与企业交流，直接拨打热线电话与企业的客服人员交流，或到企业的营业柜台与我们的柜面人员交流……这个触点既可以是单向的也可以是多向的，如电视广告、平面广告很多时候就是单向的，而在社交媒体中相关话题的讨论就是多向的，客户一对一与企业的客服人员交互就是双向的。

图3.2.1 360°客户体验模型

在这个层面,企业看到的是客户在什么时候,什么地点,为什么,如何与企业交互的,客户关注什么,感觉是什么。客户是如何通过与企业的交互达成他们的需求的。

这个层面是由客户的一系列行动和企业的一系列行动组成的。

接下来,我们介绍体验层的三个重要维度:体验环节、体验模块、体验感受。

1. 体验环节。客户体验的整体过程是基于客户全生命周期的(见图3.2.1),可粗略分为:获取信息、咨询、购买、使用、获得服务和决定去留。如果决定留下,客户会重新开始这个循环,我们称之为体验周期。从客户获取信息开始,就进入了客户体验的旅程。客户会从各个渠道主动或者被动获取产品或者服务的信息,主动地获取,如致电客服中心、查询网站或者咨询一些相关信息;被动地获取,如看到传统的电视广告或者社会化媒体中圈子的分享等。之后,客户对感兴趣的内容会进行主动咨询或查询;查询后客户可能会产生购买行为(也可能放弃购买);购买后使用或者体验服务;再之后,或者离开,或者重复、进一步购买其他商品,我们称其为扩大购买。如果客户重复、扩大购买,则再次进入这个生命周期队列。

这六个过程不是完全按顺序进行的,很多时候是交叉的,例如,客户在购买、使用及服务的过程中也会咨询,在使用过程中也会获取信息。

体验环节的划分方便我们按照一个客户与企业交互的顺序逻辑对交互过程进行无缺失的梳理。在这个粗分维度之下,每个环节还可以细分,如获取信息的渠道可分为购买产品或者服务的渠道;购买过程还可以细分为产品了解、付费、物流、安装等环节;服务还可以细分为远程服务、上门服务、到店服务、会员服务等。这些细分需要各个企业根据不同的情况进行划分。

2. 体验模块。图3.2.1中最左边一列的内容:环境/界面/载体体验、功能体验、流程体验、节点体验这四项,我们称之为体验模块。体验模块划分的意义在于区分体验发生在什么地方、什么环节、发生了什么事情,便于企业更好地找出问题所在。

◎环境/界面/载体体验:指产品本身的外观或承载服务及功能的物体、环境和呈现的界面。例如,我们享受航空公司的服务,从A地飞到B地,在这个过程中承载服务的载体有很多：航站楼、飞机、摆渡车、廊桥等，这些载体的环境是什么样子？是否让我们觉得舒适？我们常说某地的航站楼让人眼花缭乱，某地的航站楼清爽舒服，这就是对环境的体验。图3.2.2是我常常举例的深圳新航站楼，我一直惊叹设计者的大胆，也担心那些密集恐惧症倾向者，在这里候机时会是什么体验？

图3.2.2　深圳新航站楼截图

我们通过网站或APP购买机票，那么网站或APP的界面是什么样的？是否清晰美观？这是对界面的体验。我们常抱怨飞机座椅被设置得很窄，坐着极其不舒服，这是对载体的体验。

◎功能体验：指一个产品的功能都有什么，是否符合客户对这个产品基本功能的期望？是否有超越期望的新功能出现？产品之外，当我们体验手机应用或者网站页面时，也会涉及功能的体验。例如，一个电商网站，购物车和支付功能是必不可少的，除此之外，如果再有产品对比和同品推荐功能，那就超出期望了。再举一个例子，电视遥控器，基本功能是开关电视和调换频道，加上搜索，常用的不过5个键……但是神奇的是几乎所有的传统电视遥控器的按键都超出20个，这些按键让人眼花缭乱，从功能体验角度而言，体验可能就是不理想的。

◎流程体验：指客户与企业交互达成需求的过程，这个过程是否流畅？是否符合客户逻辑？是否逻辑清晰等？例如，我们想要在网上购买一张机票，需要登录（也可以先不登录，在购买环节登录）—搜索—选择—购买—支付—获取订单信息这样的一个流程，那么针对这个流程客户是否感觉顺畅？过程中是否不需要任何过多思考？是否没有任何过多动作，能一气呵成？这都影响到客户对整个流程的体验。

◎节点体验：因为客户与企业交互是一个过程（流程），

那么这个过程是由很多节点构成的,对这些节点的感受,我们称为节点体验。节点可以是一段文字(内容),一段流程,也可以是一个人,还可以是一台机器。如,我们在网上购买机票,登录是一个节点,这个节点也是一个流程,因为登录是由一系列动作组成的。那么这个登录的过程是否复杂?登录时的提示是否清晰?这都是对这个节点的体验。再如,我们打电话咨询一个产品,这是一个过程,我们拨打电话—听到语音提示—进入语音—进入人工服务这个流程,其中语音是一个节点,它包含了语音内容是否清晰易懂?播报的语速是否适中?语音的设置按键是否合理?这个节点是机器,不是人,是一个人机交互的流程。之后人工接起电话,这个节点是人,那么就涉及人的态度如何?理解能力是否强?是否能够快速准确地给出解决方案?这也是对节点的体验。

这四个模块与体验环节仿佛构成了客户体验的纵轴与横轴,在它们的交织处,是客户的体验感受。

3. 体验感受。从基本需求到深层次需求,依次为可靠、方便、易用、高效、愉悦这五部分。

◎可靠,指客户对企业的产品或者服务是否信任。包括信息全面性、内容准确性、安全性、预期达成度、一致性、稳定性等。这些是基础体验，就是说对于产品及服务的入门级标准。如果企业的产品或者服务连这些都做不到，客户体验是不及格的。安全性是产品或者服务的最基本需求，很多时候这个需求是默认安全的，如航空公司，安全性是默认安全的，不然连生命都没有保障还谈什么体验？其他做得再好谁会关心？一致性指客户无论从哪个渠道与企业交互，获得的信息和服务的水准都是一致的；稳定性指产品性能稳定，服务水平稳定等。

可靠契合了人性中对安全的需求，这是最基本的需求。

◎方便，指客户获得服务的方式是否容易、便捷。包括时间地点的灵活性、渠道与设备的多样性、渠道的协同性。例如，很多企业提供7×24小时热线电话服务，同时还提供各种远程渠道和面对面渠道的服务，包括PC端、手机客户端和营业网点等，便于客户在任何时间、地点都能与企业建立联系；渠道协同很重要，当完成一个服务需要多渠道配合时，客户是否能顺畅地在渠道间切换，客户信息是否在渠道间共享，不需要客户多次重复操作或者反复叙述等。

方便契合了人性中懒惰、尊重、自由的需求。

◎易用，指客户使用某种产品或者与企业交互时门槛低、学习成本低，使用（沟通）费力度低。它包括沟通顺畅性、操作简便性、学习费力度。例如，我经常出差，以前会随身带一个小的无线路由器，方便自己入住酒店时使用。一次，我拿了一个新的无线路由器，到了酒店打开，发现说明书几乎有两米长。幸好我算有些经验，知道上网要登录到路由器上输入密码，但说明书上给出的地址是错误的，只好通过手机上网搜索，结果显示几乎所有人都遇到过这个问题。按照搜索出来的地址去链接，再按照说明书的步骤设置各种密码，足足花费了我半小时的时间。在我看来，这种超差体验的产品肯定会被淘汰。果然，不久就看到易用的无线路由器诞生了……

易用契合了人性中懒惰、被尊重的需求。

◎高效，指效率高。包括客户在交互中对响应速度、耗时容忍度、等待质量、频次合理性等方面的体验感知。响应速度指当客户提出需求时，企业做出响应的时间，是几分钟、几小时还是几天？耗时容忍度指处理一件事情的时间是否在客户可容忍的范围内？这个容忍范围与事件本身的性质相关，与整体行业处理的时间长度相关。等待质量指如果非要客户等待，那么是否考虑把等待的过程变得有趣，同时让等待有个预期的时间节点。频次合理性指与客户主动沟通的频次要有控制，不能让客户感觉到被骚扰。

高效契合了人性中被尊重及懒惰的需求。

◎愉悦，指使用一个产品或者享受一个服务时，客户内心体会到愉快、尊享的感受。包括被重视、尊享、情感共鸣、情感补偿等。这就是为什么我们强调与客户交互时要微笑，与客户面对面交流时要有目光接触，要用语礼貌，这些都表达出重视与尊重。尊享即至尊享受，意味着独特、高端的体验感受。情感共鸣指对事物有共同的理解，产生相同的情绪感受，沟通双方能借此互相认同。情感补偿通常指客户在某方面受挫时，企业是否能给予一些方式的补偿，补偿既要关注到客户的情感因素又要考虑到利益因素，如适当的折扣、返现、积分加倍、荣誉加冕等。

愉悦契合了人性中被尊重、掌控和虚荣的那些需求。

情感层：指客户与我们的触点进行交互后产生各种感觉，这些感觉会带来情绪情感上的变化。例如，在与客服中心座席交流时，如果客户感觉到不受重视、不被尊重，就会导致不满意甚至愤怒情绪的出现。

这个层面是由客户的感受及情感表现组成的。表现分为正向与负向两种。幸福、兴奋、探索、有趣、活力、价值、信任、尊荣、关怀、安全等感受及情感是积极的、正向的；而压力、失望、不满、挫败、不悦、烦扰、愤怒等感受及情感则是消极的，负向的。

行为层：指客户与企业交互后，由于情感上的变化带来行为上的结果。正如上文中的例子，因为客服中心不友好的服务，客户可能产生不满的情绪，进而会导致几种可能的行为——投诉、离开、散播对企业不好的言论。

这个层面是由客户单方面的行为组成的。这些行为包括离开、观察、购买、重复购买、推荐、捍卫。客户会因为负面感受离开，会因为超级体验带来的愉悦和说不清道不明的快感而捍卫。某品牌的用户的忠诚和迷恋就是捍卫的行为——不可以说这个品牌不好，谁说和谁急！

客户体验模型是一个立体的模型，既考虑了时间的维度（客户生命周期，体验环节），又考虑了空间的维度（体验模块），它重点关注时空交织中客户的感受（体验感受）。

从这个模型不难看出，企业其实只能看到客户的行为层面，因为这个层面的数据，企业内部都会有，而其他两个层面的数据，很多企业根本就不知道如何获得，那么测量和管理也无从谈起。

企业期望获得的客户行为是购买、重复购买、扩大购买、良性传播、捍卫企业等一切对企业有利的行为。但事实并非如此。这也是为什么我们要去测量体验层，去分析客户行为背后的动因。只有这样我们才能有效地改善企业与客户的交互，提升客户体验，让客户的行为良性发展。

接下来我们会继续讲解体验层的测量与实施、行为层的分析，以及如何把客户交互中的体验与客户行为进行有效关联。对于情感层我们不多做阐述，大家知道它的位置及重要性就可以了。

二、内外部有效互动的客户体验管理运营体系

客户体验模型是客户体验管理有效运营的基础，在这个基础上企业需要搭建一个内外部有效互动的客户体验管理运营体系（如图3.2.3），这个体系包括：场景梳理、客户体验指标体系、客户体验测量、内外部场景关联、内外部指标关联分析、问题定位六部分内容。目的是能够真正优化客户体验，让客户体验管理变成日常工作，而不是一个形式或者某种阶段性的活动。

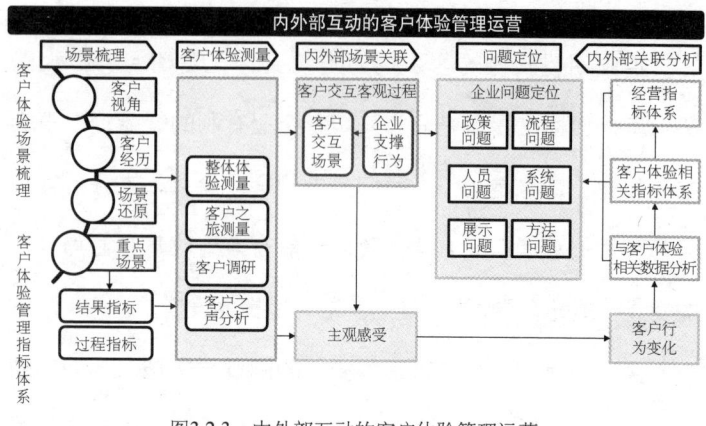

图3.2.3 内外部互动的客户体验管理运营

1. 客户体验场景梳理是客户体验管理运营的基础。客户与企业交互是基于场景的。什么是场景？场景就是人与时间、地点、事物之间的关系。而我们为什么要梳理场景，是因为企业需要了解客户在彼此关系下会做什么，想什么，为什么做这件事，为什么这么想，也就是此情此景下客户的需要，客户遇到的问题，客户可能的行为。

场景梳理需要用客户视角，按照之前提到的"360°客户体验模型"中的体验环节进行一级场景划分，在此之下进行场景细化。细化场景后，企业还需要对重点场景进行筛选。因为根据峰终理论[①]，在客户的体验历程中，并不是所有的触点都是重要的，只有峰值和终值会影响客户对整体过程的感受。例如，去宜家购物的人都抱怨动线设计既封闭又漫长，快捷通道指示不明显，服务员少，还不免费送货等。但是我们发现虽然有这样的抱怨，但是客户依然喜欢一次又一次地逛宜家，买回大大小小的东西，还会把宜家推荐给其他人，为什么？因为在那个封闭的动线中，客户体会到美好的浸入式的家居感受，客户可以尝试所有商品，会因为场景化的家居组合获得很多启发，客户目之所及的商品都可以买走，而且物有所值，逛累时还有那美味的食品……这些都构成了宜家的"峰"，把那个不爽的路线冲得烟消云散。那么那个"终"是什么？很多人说是那个一元冰激凌，我想还有那个三元热狗，那个小小的北欧超市，带给客户一种好热好累后，新鲜与慰藉的感觉。

2. 客户体验管理指标体系是客户体验管理运营执行落地情况的衡量标准，这个标准包括结果指标和过程指标。

这些指标来源于企业对客户总体体验和总体经营目标的定位。结果指标指企业一系列业务及运营策略带来的最终客户行为及经营结果，如与客户行为相关的有NPS[2]（净推荐值）、客户满意度指数、客户重复购买率等，与经营结果相关的有市场占有率、营业收入、客户总量、利润等。过程指标指为了达到那些结果，从客户及企业行为输入到输出结果的过程中，各个环节的表现指标，如客户的重复咨询率、重复拨打电话率、对网站某项内容的跳出率等，还有企业表现如客户问题响应时长、答复准确率、呈现信息内容的准确性、知识库内容的准确性、系统的响应时长等。

如果一个结果指标呈现了某种变化，实际上企业是无法知道哪里出了问题的，必须加强对过程的监控，测量场景梳理下的过程节点指标，才能准确定位问题。客户体验管理才能够有效执行。

3. 客户体验测量是客户体验运营管理的重要部分，没有测量就无法知道客户对产品及与企业交互时的感受，那么客户体验提升也无从谈起。

客户体验测量整体体验测量、客户之旅测量、客户调研、客户之声分析四部分（详细内容在"方法——客户体验问题的发现与揭示"中介绍）。

◎整体体验测量，主要指通过调研等方式，对NPS及客户满意度等方面进行测量，获得客户对我们的产品及交互过程的整体感受，通常用调研问卷的方式进行。

◎客户之旅测量，指按照客户的场景及使用或交互逻辑（也就是我们常说的体验蓝图，它是客户体验提升的工具之一，之后章节会详细介绍）进行测量，得出使用过程或交互过程中关键节点客户的感受。测量方法通常为观察法和实测法两种。观察法为邀请适量客户实际操作，由企业相关专业人员观察记录；实测法为相关研究机构或者企业内部客户体验研究人员按照客户场景及逻辑实际操作并记录测量结果。

◎客户调研，指通过客户调研的方式获得相关产品及交互感受。

◎客户之声分析，指通过各触点获得的客户的声音，对这些声音进行深入分析，发现问题或者发现机会。这些分析相比客户调研，会更真实地反映客户的真实感知及真实想法。但是此方法相对复杂，需要借助一些技术手段，所以很多企业并没有使用，而是使用更容易操作的客户调研。

我们常说可测量才可以管理。对企业来说，如果不能测量，光谈感觉，实在无法执行。这个过程的关键在于找到测量方法，指标采集方法和相对科学的分析方法。

4. 内外部场景关联是客户体验管理落地的核心。测量外部客户体验，就是为了发现企业什么地方做得不好，以便改善。如果企业不能建立内外部场景的关联，那么外部测量无价值，我们只知道客户觉得什么地方不好，那么是因为人员素质原因、内部支撑流程原因还是系统支撑原因造成的？人员素质问题是因为培训机制的问题还是绩效考核的问题？内部支撑流程问题是因为流程逻辑的问题还是流程执行的问题？系统支撑问题是因为系统太落后了，还是企业对整个系统的规划出了问题？企业必须找出外在问题的内在对应元素，才能够保证客户体验的真正改善落到实处。

图3.2.4是我们给一家制造型企业建立客户体验测评及指标体系时绘制的体验周期与企业内部行为的关联的高阶图，在高阶层面展现出客户体验环节与企业内部管理及业务部门之间的关系。在高阶关联之下，以客户行动走向制作体验蓝图，能够准确定位到客户内部运营及支撑流程、规范及相关政策对客户交互的影响。找到客户体验与内部运营之间的关系，才能够在客户体验外部测评后准确定位内部优化改造的环节。

5. 内外部关联分析是指把内部指标变化与客户体验外部测量指标变化进行关联，找出内部运营与外部感知的关联，为问题定位做准备。

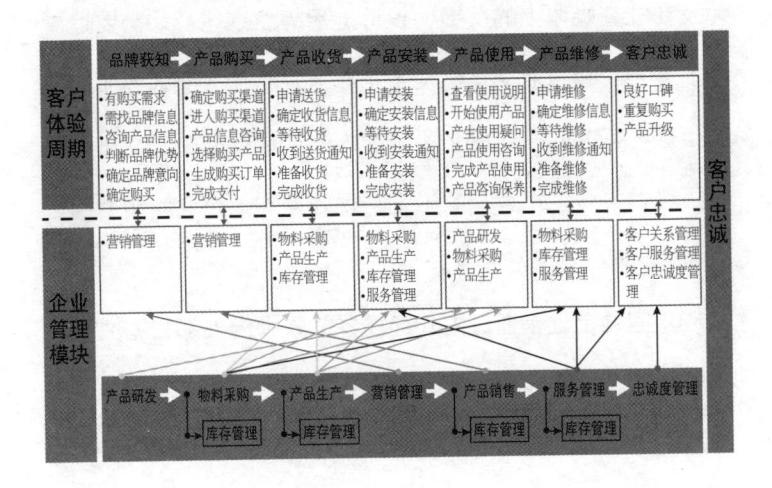

客户体验周期	品牌获知	产品购买	产品收货	产品安装	产品使用	产品维修	客户忠诚	客户忠诚
	有购买需求 需找品牌信息 咨询产品信息 判断品牌优势 确定品牌意向 确定购买	确定购买渠道 进入购买渠道 确定产品信息 产品信息咨询 选择购买产品 确定购买订单 生成购买订单 完成支付	申请送货 确定收货信息 等待收货 收到送货通知 准备收货 完成收货	申请安装 确定安装信息 等待安装 收到安装通知 准备安装 完成安装	查看使用说明 开始使用产品 产生使用疑问 产品使用咨询 完成产品使用 产品咨询保养	申请维修 确定维修信息 等待维修 收到维修通知 准备维修 完成维修	良好口碑 重复购买 产品升级	
企业管理模块	营销管理	营销管理	物料采购 产品生产 库存管理 服务管理	物料采购 产品生产 库存管理 服务管理	产品研发 物料采购 产品生产	物料采购 产品生产 服务管理	客户关系管理 库存管理 客户忠诚度管理	
	产品研发 → 物料采购 → 产品生产 → 营销管理 → 产品销售 → 服务管理 → 忠诚度管理							
		库存管理	库存管理		库存管理	库存管理		

图3.2.4 体验周期与企业内部行为的关联

企业内部指标体系一般都是以经营分析为目的的，通常我不建议单独建立一个客户体验指标体系。如果企业战略层足够关注客户体验，会考虑经营分析指标与客户体验的关系，如果战略层不关注，单独设立了客户体验指标体系其实是没什么作用的。客户体验指标需要与经营指标进行合理结合及合理的关联，这样才能把客户体验落地。

在客户体验模型那一节中，我曾经谈到过客户行为数据是企业内部可以采集并观测的数据，企业需要充分采集分析这些数据，如客户的购买行为、重复购买行为、减少购买行为及在社交媒体上的反馈、投诉抱怨等。这些行为需要追溯之前客户在和企业交互时发生了什么，是什么原因致使客户发生这种行为的。这就是所谓的内外部数据的关联。只要建立了这种关联，把客户的感觉与行为挂钩，企业就能准确定位内部问题，并进行改善。

6. 问题定位指通过内外部场景关联和内外部数据关联，找出影响客户体验的内部因素，并定位到企业内部业务及支撑的方方面面。内部定位包括：流程问题、人员问题、系统问题、展示问题、方法问题这五方面。通常这五方面是相互交织发生作用的，很少呈现单一问题。

◎流程问题，是指支撑客户交互触点的内部支撑流程出现的问题。例如，流程过分强调管控，而忽视了客户体验与管控的平衡，使得客户使用或者交互障碍重重。这其中也可能有一些政策因素，如考虑到行业监管，不能提供客户端简单方便的支撑等。

◎人员问题，是指由于交互触点人员或者后台支撑人员缺乏以客户为核心的意识，或者由于绩效导向等原因使得员工在与客户交互时发生冲突，或者在流程设计、产品（业务）设计时未考虑客户感知而造成一些问题。

◎系统问题，是指由于IT系统缺陷造成的客户体验不好的问题。这里既包括了系统易用性的问题和更新换代的问题，也包括了企业统筹规划系统的战略及能力问题，还包括因业务部门没有参与业务策略规划而造成的需求提出不完善所产生的问题等。

◎展示问题，是指呈现在客户面前的各种信息、界面、环境等不符合客户的习惯，或者用语晦涩、逻辑混乱等造成的客户体验问题。

◎方法问题，是指虽然企业希望改善客户体验，希望关注客户体验，但是缺乏可落地的实际操作方法，如没有客户体验指标体系，不知道如何测量客户体验，或者客户体验测量方法错误，优化方法错误等。

总之，每一个客户感知不好的地方都能找到企业内部的原因，这些原因需要系统地去梳理和总结，不然企业就会花费大量时间、人力及费用成本，而解决的只是表面问题，致使不好的客户体验会层出不穷地出现，而企业内部疲于应对。

以上针对如何建立内外部有效互动的客户体验运营管理做了详细说明。对于客户体验管理的运营来说，场景梳理、客户体验指标体系、客户体验测量、内外部场景关联、内外部指标关联分析、问题定位六个环节缺一不可，企业需要一整套的方法，使得管理更科学有效。建立这套体系的关键在于战略。如果战略不支持，企业各部门只能根据自己的管辖范围处理其中一部分事情，想贯穿全部客户体验流程会障碍重重。

扩展阅读

①峰终理论：2002年，诺贝尔经济学奖获奖者、心理学家丹尼尔·卡纳曼（Daniel Kahneman）经过深入研究，发现人类对体验的记忆由两个因素决定，高峰（无论是正向的还是负向的）时与结束时的感觉，这就是峰终定律（Peak-End Rule）。这条定律基于我们潜意识总结体验的特点，我们对一项事物的体验之后，所能记住的就只是在"峰"与"终"时的体验，而在过程中好与不好体验的比重、好与不好体验的时间长短，对记忆几乎没有影响。高峰之后，终点出现得越迅速，这件事留给我们的印象越深刻。而这里的"峰"与"终"也就是所谓的"关键时刻MOT"（MOT为Moment of

Truth的首字母缩写）。MOT是服务界最具震撼力与影响力的管理概念与行为模式，指企业与客户接触，客户感知的好坏取决于客户心理认为重要的那些"关键时刻"，企业要在这些关键时刻服务好客户，才能赢得客户的再次光顾。

②NPS（净推荐值），又称净促进者得分，是一种计量某个客户将会向其他人推荐某个企业或服务可能性的指数。该指标最早由贝恩咨询公司客户忠诚度业务的创始人佛瑞德·赖克霍德（Fred Reichheld）在2003年《哈佛商业评论》发表的《你需要致力于增长的一个数字》文章中提到的概念。随后，他在《终极疑问：驱动良性利润和真正发展》一书中提出：使用净推荐值这一度量，公司可以仅仅通过一个问题——"你向朋友推荐这个产品的可能性有多大？"来评估公司在创造积极、可重复的顾客体验方面的效率。

NPS公式：NPS=(推荐者数/总样本数)×100%－(贬损者数/总样本数)×100%

NPS调研方法：直截了当地问客户一个问题——"您是否愿意将'公司名字'推荐给您的朋友或者同事？"

根据愿意推荐的程度让客户在0~10之间来打分，然后根据得分情况建立客户忠诚度的3个阶梯：

推荐者（得分在9~10之间）：是具有狂热忠诚度的人，他们会继续购买并推荐给其他人。

被动者（得分在7~8之间）：总体满意但并不狂热，将会考虑其他竞争对手的产品。

批评者（得分在0~6之间）：使用并不满意或者对你的公司没有忠诚度。

NPS计算公式的逻辑是推荐者会继续购买并且推荐给其他人来加速公司的成长，而批评者则可能破坏公司的名声，并通过负面的口碑阻止公司成长。

NPS的得分值在50%以上被认为是不错的。如果NPS的得分值在70%~80%之间，则证明公司拥有一批高忠诚度的好客户。调查显示大部分公司的NPS的得分值还是在5%~10%。

第三节 客户体验问题的发现与揭示——客户体验的测量

不是客户说了什么，而是客户做了什么。

客户体验如何才能测量，一直是很多管理者感到头疼的事情。我们首先要知道测量什么，测量方法，还要知道测量结果到底意味着什么，目标是什么。这就涉及测量和指标体系两部分。接下来我们分别介绍客户体验的测量和客户体验指标体系。

一、客户体验的测量

很多人问我客户体验测量是不是就是满意度测量。我回答"不是"，它们两者的区别是：客户体验测量是对过程的测量，而满意度测量是对结果的测量。那么NPS能不能替代客户体验测量，这是不行的，NPS也是对结果的测量。对企业来讲，光知道结果是不够的，还要知道是什么原因产生的这个结果，所以企业必须知道过程，才知道如何改善。

先说说满意度测量。我一直不主张企业做满意度测量，首先因为测量维度单一而目标却过于复杂。因为企业测量客户是否满意时，却想达成多个结果，很多测量混杂在一起，如品牌满意、服务满意和产品满意会在一次调研中完成。复杂的目标使得客户在回答问卷时，各种因素互相干扰；其次，采样可信度差；再次，问卷是否科学值得商榷，并且测量过程中执行人员的素质也很重要。那么是不是企业就不做满意度测量了呢？也不是。但是做满意度测量时，企业需要注意几点：

◎每一次测量时，目标要单一，就是只为一件事去测量，这样结果才精准。

◎样本分布一定要有一定的普遍性。

◎问卷设计要有互斥印证的题目以确保客户回答的准确性。

◎测评人员不能有导向性提问。

例如，如果企业做满意度测评，不要在一个测评问卷中，既问是否对产品满意，又问是否对某次服务满意。客户会把针对不同内容的感觉混在一起答复，如明明是对产品使用不满，但是归罪到服务过程上等。采样时，企业需要综合考虑客户的实际分布情况，和与企业服务或者客户购买产品时间远近等因素，而不是随意选出一些客户，除非企业的采样量足够大，符合统计原理，能够在随机情况下真实反映企业的用户分布，否则必须精心计算。问卷设计等就不赘述了，这不是本书的重点。

企业也不能仅仅做NPS的调研，因为根据一个结果，企业依然不知道问题出在哪里。企业测量的目的是发现问题和解决问题。NPS之后，企业要做探索式问题的追问，对褒奖客户问"您推荐的原因是什么？"，对于贬损的客户要接着问"您不推荐的原因是什么？"

虽然满意度和NPS都是结果性指标，但是两者的意义差异还是很大的，我们的一个客户经过长期数据关联跟踪，发现满意度指标只能代表过去，而NPS却可以预测未来。NPS好，如果企业接着监控未来三个月的市场占有率，会发现至少三个月有上升状况，反之亦然。这是一个非常有价值的数据跟踪。

客户体验测量是一个基于客户与企业交互过程的测量。

从客户知道企业，找到企业的时候开始，到他们要购买企业产品，使用企业产品，或者再次购买，或者再也不来找企业，他们会把关于企业的好的或者坏的产品或者服务的信息分享给别人……他们要与企业沟通，希望企业能关注他们的需求，打消他们的疑虑，解决他们的问题……很多时候企业并不知道每个环节到底做得如何，是哪个环节致使客户最终离开，是哪个因素使得客户愿意把企业的产品或者服务推荐给别人，因此客户体验的测量变成一种必须。客户体验的测量方法可分为内部测量和外部测量两种。内部测量主要指根据企业内部现有的客户行为数据进行分析，发现异常的行为或者发现规律，发现行为之间的联系。外部测量主要是通过企业与客户的交流或者是按照客户的轨迹走一遍来发现相关的问题。内外部测量单独测量都有一定的价值但是不完善，必须两者关联起来才更有价值。

1. 内部测量。之前我们在介绍"建立内外部有效互动的客户体验管理体系"的时候，谈及客户体验模型，最右边是客户行为。客户行为是可以从企业内部采集的，如网站及手机用户端，客户的浏览行为、跳转行为、行为轨迹、转化行为等都是可以采集到并分析的；在呼叫中心，客户的IVR行为轨迹、跳出、重听、进入人工后的对话等也都是可以采集分析的。单独渠道的客户行为分析是不够的，还需要以客户为视角进行跨渠道、全生命周期的分析。企业可以从一个营销投放的目标客户开始，从客户接收到相关营销信息到之后一系列的行为，如点击、咨询、办理、使用、投诉、取消或者退订（或退货）、后续对其他产品或者业务的行为等，来判断客户对营销、交互、交易、服务等环节的感受，从而对相关产品、活动、渠道、交互节点、交互流程进行审视，发现问题，优化体验。内部测量关键在于收集客户的行为信息并进行综合分析。之前在"架构—企业数据的运营"中有了很多描述，这里就不多做阐述。

2. 外部测量可分为三种方式。

第一种方式是指客户调研。这是企业常用的也是大家都比较习惯的方式，但是这种方式对客户采样要求、问题设置的合理性和提问的人本身的素质等的要求是非常高的；客户调研一般用一对一的调研或者焦点小组的方法。

第二种方式是客户之旅的测量。这是指让客户或者专业的测评团队，在某种客户场景下，按照客户的方式完成某个目标的过程。在这个过程中，有两种执行模式，一种是实测法，被测试者根据一个客户之旅测评量表进行打分，从而得出客户体验的状况。另一种是观察法，在客户执行任务时，由企业客户体验研究人员在旁边观察，并针对客户的一些问题做记录，同时还要跟客户对记录的内容进行深度交流。交流的目的是为了发掘客户的某些行为的原因，如客户犹豫、放弃等背后的原因是什么。这个方法，需要明确测评目标，测评人员要有普遍代表性，企业的客户体验人员要具有敏锐的观察力和良好的沟通能力。

第三种方法是客户之声的采集及分析。这是指客户与企业的交互内容，或者客户公开发布的与企业相关的内容的分析，如呼叫中心的电话录音、在线客服的交流内容、客户在微博等社会化媒体上的言论等。分析这些内容，企业可发现客户的抱怨及投诉，预测客户的需求动向。

接下来我们重点介绍客户之旅测量和客户之声的方法。

◎客户之旅的测量。企业需要邀请一些懂得客户体验的专业人士，按照某些场景下的客户需求，实际操作，并根据设计好的量表进行打分，来发现客户体验的影响因素。或者邀请真实的客户，进行实际操作，企业客户体验人员在一旁观察，填写打分量表，同时针对客户犹豫、放弃等行为，进行深入的沟通，确定原因。

以上两种执行，在进行测量前，都需要建立测量模型（如图3.3.1）。

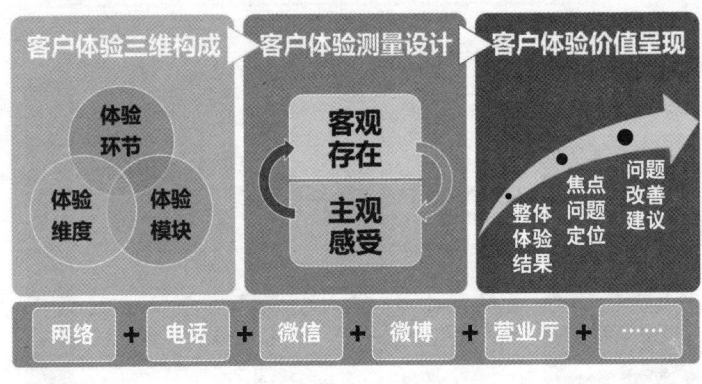

图3.3.1 测量模型

这个测量模型是根据之前提到的客户体验模型的体验层（见图3.3.2）设计的。

根据体验环节（横轴）、体验模块（纵轴）和体验感受（第三轴）综合设计，从客户主观感受的程度到客观存在的事物实际情况，进行评分、关联。

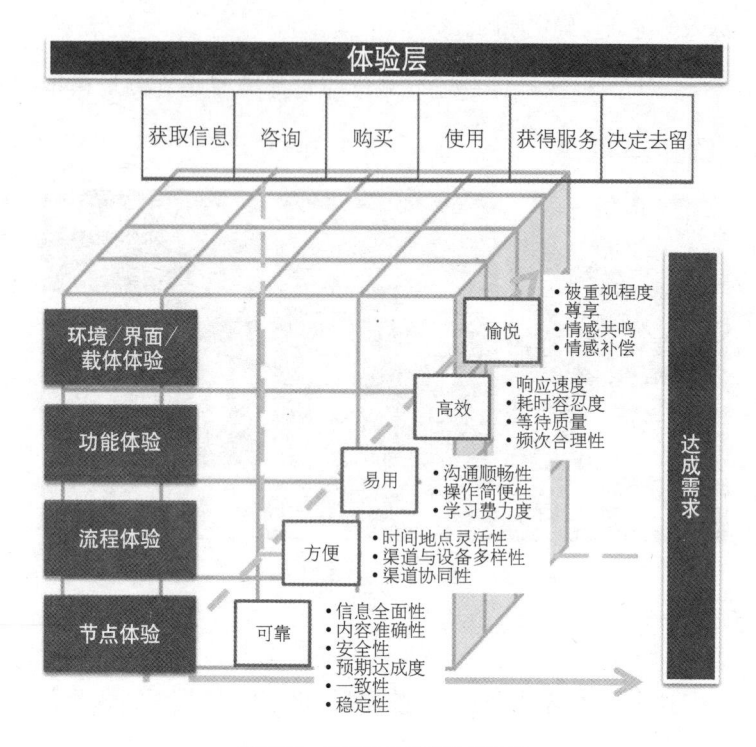

图3.3.2 客户体验模型的体验层

客户体验测量可以聚焦某一个场景,比如支付是一个场景,我们专门测评支付这个场景的所有体验,客户在什么情况下会涉及支付?哪些渠道可以支付?这些渠道支付的感知是什么?支付过程的可靠性、方便性、易用性、高效性甚至是否有尊享感的考虑等?也可以全面测量,比如了解服务的总体体验，从服务的总体感知，到各渠道的服务体验，到不同的服务阶段的体验，这些体验围绕着可靠、方便、易用、高效和尊享。这两个的测量方法是一样的，都要经过定义场景—设计测评内容—实际操作—感觉评分—客观评分—综合测算这一系列过程。

测量通常建立一个二维表来进行测评的对应，如表3.3.1所示，这是关于网上营业厅这个渠道的整体体验测量，我们截取办理业务中的一部分内容。

场景	子场景	模块	体验感受	感受子维度	问题	回答
办理业务	支付	总体	—	—	请对支付总体感受打分	A.1 B.2 C.3 D.4 E.5
办理业务	进入支付页面	界面	—	—	请对支付界面总体感受打分	A.1 B.2 C.3 D.4 E.6
办理业务	进入支付页面	界面	易用	内容清晰度	是否能够在三秒内找到想找的内容？	A.是 B.否
办理业务	进入支付页面		易用	内容易懂性	是否在读第一遍时就能明白如何操作？	A.是 B.否
办理业务	进入支付页面	……	……	……	……	……
办理业务	进入支付页面	流程	—	—	请对流程总体感受打分	A.1 B.2 C.3 D.4 E.6
办理业务	进入支付页面	流程	可靠	稳定性	是否能够进入页面？	A.是 B.否
办理业务	进入支付页面	流程	可靠	稳定性	是否跳转到错误页面？	A.是 B.否
办理业务	进入支付页面	流程	高效	耗时容忍度	是否能够快速跳转进入下级页面(三秒内)？	A.是 B.否
办理业务	进入支付页面	……	……	……	……	……

表3.3.1 网上营业厅整体体验测量示例

首先需要定位场景，在表3.3.1中，支付属于办理业务这个场景的子场景，针对这个子场景，从体验各个模块进行体验感受的评分。首先是对这个子场景的整体感受程度的评分，评分1~5指从"非常不满意"到"非常满意"五个程度的评分级别。针对每个模块，也从此模块的总体感受开始，之后是相对客观的内容，界面—易用性—内容清晰度—是否能够在三秒内找到想找的内容。相对客观性问题要尽量量化，直接以"是"和"否"作为答案。

专家测评通常会由测评人员直接填写评分表，进行一个渠道的全场景测评需要花上半天到一天的时间。专家测评至少要有10人以上进行测评，测评结束后要针对分歧较大的评分进行讨论，保证测评的准确性。

客户直接参与测评不能是全场景测量，考虑到客户不可能那么有耐心，通常是某些特定任务的测评，或者修改某些环节后的测试。评分量表是观察笔记式的，内容按照任务过程，记录每个环节客户的反应，并针对反应进行深度沟通。

通常专家测评会输出系列报告，我们用一个案例来说明。

【案例】

这是某基金全渠道测评的展示案例，图3.3.3-1到图3.3.3-5，对各测评模块、体验感受、渠道等给出数据对比，发掘出关键体验噪点，定位内部问题，进行改善。

图3.3.3-1和图3.3.3-2是针对企业的全部远程渠道的客户体验综合测评后的渠道对比情况和模块对比情况，可以看出不同渠道的整合得分，在体验感知方面各渠道及各模块的情况。

渠道	综合	可靠	方便	易用	高效	愉悦
网站	★★★★	★★★	★★★★	★★★	★★★	★★★★
APP	★★★☆	★★★	★★★★	★★	★★★	★★★★
电话	★★★	★★	★★★	★★★★	★★★	★★
微信	★★	★★	★★	★★	★★	★★
短信/邮件	★★★	★★	★★	★★★	★★	★★

图3.3.3-1 各体验模块与渠道的测评结果

渠道	综合	功能	节点	界面	流程	载体	内容
网站	★★★☆	★★★★	★★★	★★★	★★	★★★★	★★★
APP	★★★	★★★	★★★	★★★	★★★	★★★	★★★
电话	★★★	★★	★★★	★★★★	★★	★★	★★
微信	★★☆	★★	★★	★★	★★	★★★	★★
短信/邮件	★★	★★	★★	★★★	★★	★★	★★

图3.3.3-2 各体验维度与渠道的测评结果

定位渠道，定位体验模块，还从客户体验周期或者具体场景层面来看客户体验感知部分的情况，如图3.3.3-3所示，我们发现网上交易整体比其他方面差，那么重点看网上交易哪里出了问题,于是就进入图3.3.3-4,把具体场景与客户体验模块进行交叉,看体验感知。

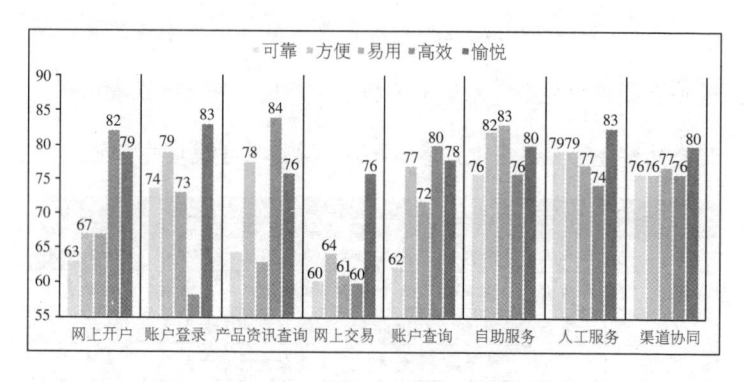

图3.3.3-3　体验测评各项内容对比

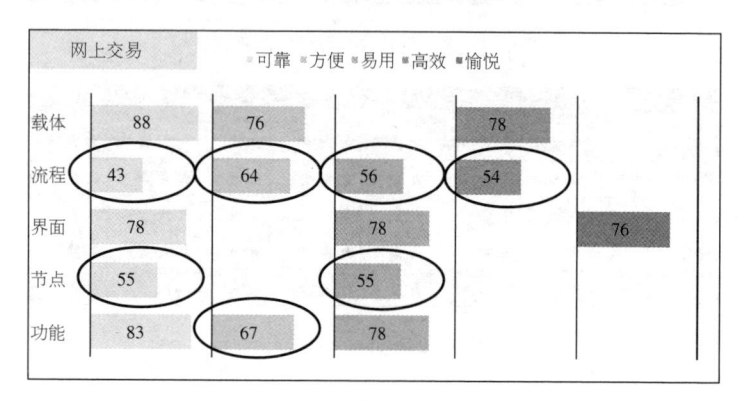

图3.3.3-4　体验感知的分值

通过发掘网上交易的各体验模块,发现流程体验整体评分较低,节点体验其次。这个很好理解,通常流程设计不合理，每个节点不会感受太好，节点之间的关联客户觉得不顺畅，对节点的理解也会出问题。网上交易到底哪些环节不好？图3.3.3-4的解读是这样的：

服务体验

• 流程-可靠：立即购买功能流程无效。已登录情况下，客户在产品详细介绍页面中点击立即购买按钮后，最终进入的页面是交易首页，客户基于流程最终无法完成购买。干扰客户使用网页，使网站的可靠性严重下滑。

• 流程-高效：交易登录烦琐。从交易界面中点击首页后，再次从首页进入交易页面时，客户需要重新登录，影响网站的高效性感受。

• 流程-易用：无产品介绍。在基金交易过程中，点击购买后，虽然网页提供了全部基金产品，但是不能点击产品重新回到原来的产品详细介绍页面，影响网站的易用性感受。

• 功能-方便：基金不能排序。在基金交易页面中，网站将全部基金展示，但展示顺序混乱，同时不允许客户自行筛选，影响网站的易用性感受。

产品体验

• 节点-易用：交易结束无推荐。在完成基金交易后，网站不为客户提供该产品的关联推荐,影响网站易用性感受。

• 节点-可靠:活期通功能不完善。虽然有还信用卡功能,但支持对象银行较少,影响渠道的可靠性感受。

• 节点-可靠:推荐信息介绍不全面。在交易首页虽然推荐了基金产品,但产品介绍过于简单,历史详情收益展示图过小不易于观看,影响网站易用性感受;同时债券基金使用累计收益而不使用一年增长率,对于网站可靠性感受下滑。

在完成问题发现后,就是展示具体问题点的案例,图3.3.3-5,是对交易问题的部分案例展示。

问题具体为:基金列表只是动态显示内容,不能点击进去查询或者办理操作;支持银行较少,四大行中有建设银行及中国银行不支持;基金收益率展示不能代表实际情况,让客户不信服等问题。

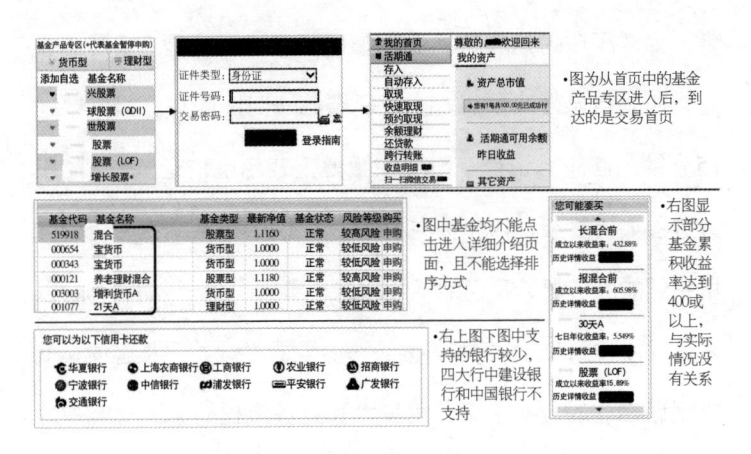

图3.3.3-5 测评具体问题点展示

专家测评与客户测评观察问答的方法的区别在于,能从全生命周期、全场景的角度进行测评,筛查出具体的渠道、具体的模块或者场景的问题。

◎客户之声的采集,就是采集来自客户的声音。一方面是我们常提到的舆情监控,来自互联网公开的客户声音,比如微博、BBS等;另外就是来自客户与我们企业交互时的声音——呼叫中心和在线客服。

舆情监控,我更倾向叫作客情收集,不但要收集客户的投诉抱怨,还要收集客户的询问、讨论和潜在的购买意向。在采集客情时,针对不同渠道,企业需要有不同的应对策略，如对于微博这样的社会化媒体，客户无论是"@"了企业，还是自己发声抱怨，企业需要第一时间响应，最好要在15分钟内回应。记得一次我在微博上表示电信运营商A的服务过程如何复杂，10分钟内A的竞争对手B居然给我私信说你用我们的服务吧，我们绝不会让这种事情发生……而4小时以后，我才收到A的私信和答复……企业既然开始采集客情，就要制订相应的应对策略，用技术和业务流程的方式对客户的状况加以管理，保证客户感知好，否则就是负面的传播。

客服中心的客户之声。很多企业遇到的困难是这些声音全部是语音文件，意味着这是非结构化的数据，很难进行分析。那么企业需要借助一些工具，把语音转化为文本，再进行分析，甚至可以直接进行语音分析，对音纹、内容等进行分析。很多企业做到了语音转文本，但是没有解决分析的问题，于是呼叫中心的客户声音从音频垃圾变成了文本垃圾。宝贵的资料白白浪费了。

客户之声的价值在于客户的语言和文字代表着他们对企业的服务及产品的观点、信心和潜在的价值判断。通过这些声音，企业不但能发现客户的抱怨，还能发现客户对企业服务及产品善意的建议，发现企业服务及产品的缺陷，客户在使用或者体验时的真实感受，还能发现客户的潜在需求……

【客户之声平台案例】

2015年，我在一家企业做项目。这家企业打造了一个"客户之声平台"，项目中我们给这个平台的运营提供了一些建议（见图3.3.4）。

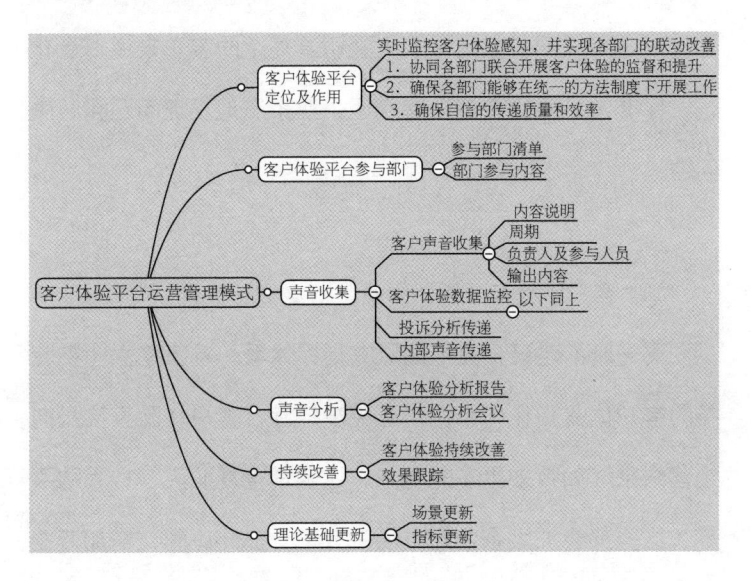

```
客户体验平台运营管理模式
├── 客户体验平台定位及作用 ── 实时监控客户体验感知，并实现各部门的联动改善
│                          1. 协同各部门联合开展客户体验的监督和提升
│                          2. 确保各部门能够在统一的方法制度下开展工作
│                          3. 确保自信的传递质量和效率
├── 客户体验平台参与部门 ── 参与部门清单
│                       部门参与内容
├── 声音收集
│   ├── 客户声音收集 ── 内容说明
│   │                  周期
│   │                  负责人及参与人员
│   │                  输出内容
│   ├── 客户体验数据监控 ── 以下同上
│   ├── 投诉分析传递
│   └── 内部声音传递
├── 声音分析 ── 客户体验分析报告
│              客户体验分析会议
├── 持续改善 ── 客户体验持续改善
│              效果跟踪
└── 理论基础更新 ── 场景更新
                   指标更新
```

图3.3.4　客户之声平台建议

企业所有业务部门都能在这个平台上听到客户的声音和针对自己部门业务的看法。这个平台由客户体验部门管理，数据化呈现客户的声音，还会邀请一些客户，针对企业的各

项业务提出实际的体验优化建议。平台上不但有客户,还有各个分公司各部门人员及来自一线的员工,有专门的频道让一线客户交互人员提出客户交互时的问题及建议,同时针对内部支撑部门提出相关优化的探讨。

没有测量就没有管理。靠感觉和直觉的管理,对于很少量客户是可以的,但是对于大量纷繁复杂的客户来说,量化是一件非常必要的事情,有利于企业系统地发现问题和解决问题。

二、客户体验管理指标体系

我一般不建议企业推翻原有指标体系,重新建立一整套新的客户体验指标体系。企业关注经营,客户体验直接指向经营结果,如带来更多的客户,让客户重复购买,扩大购买等。这些都会扩大企业的市场占有率,提升口碑,增加营业额。如果客户体验指标体系不能与经营指标挂钩,企业的决策层看不到实际的效果,那么这个指标体系就会流于形式,给各业务部门带来负担。所以建立客户体验指标体系时,企业要尽量发掘现有指标中哪些实际上已经是客户体验相关指标了,还需要补充哪些?现有系统及业务流程中哪些数据已经是客户体验相关了，还需要采集哪些？我们不能完全用客户体验指标代替企业现有经营及管控指标，因为企业需要在客户满意和成本及风险间找到一个平衡点。接下来我们只谈客户体验指标体系如何搭建，不深入探讨如何与现有指标融合的问题。我想很多企业人在看完这部分内容后，会找到答案的。

客户体验终极的两个指标是NPS和客户满意度，这两个指标是结果性指标，是客户与企业进行一系列交互后产生的结果，或者客户愿意把口碑很好的企业推荐给别人，或者客户觉得非常不满意到处散播企业的坏处！但是光有这两个结果指标是不够的，因为所有的结果都是因为交互行为造成的，所以我们需要更详细深入地探讨是企业的什么行为给客户带来这样的结果。

1. 指标是流程跑出来的。这句话是什么意思？为什么会有指标？指标是衡量一个事物变化的数字或者概念。那么企业监控或者分析的所有指标都是一系列的行为产生的。当企业输入一些行动产生一些输出时，会有一个结果指标产生，也会有一些过程指标产生。例如，维修一个产品，输入是开始维修，步骤是外观检查、打开机箱……输出结果是修好了或者没修好。如果我们把维修率作为一个输出指标的话，这是结果指标，还有个结果指标是维修时长。这两个结果是由维修过程中对问题判断的准确性决定的。如果更换部件，部件更换的准确性，新换部件的性能好坏，维修人员操作的熟练程度，其中是否还涉及其他问题等这些中间行为决定的。这些中间行为好坏的衡量，就是过程指标。

如何建立客户体验指标体系？通常有两种方法，一种是与客户体验测评一样，首先梳理客户交互场景，根据场景输入输出结果寻找体验指标；另外一种是根据客户需求，确定客户关注的问题点，把问题外化成指标，一步一步分解获得。我建议运用两者交叉的方式来建立客户体验指标体系。接下来我们用一个例子来讲述如何建立客户体验指标体系。

【案例】某运营商客户体验指标体系的建立

第一步，场景梳理，如图3.3.5所示，三级场景及对应内部业务运营关联。

一级场景是生命周期总类。根据行业特征，基本上分为获知（信息、产品、服务等的获知），购买、交互、离开这四部分。在生命周期总分类下对应的是二级交互场景，这些场景还是相对粗放的，之下还包含很多细节场景。二级场景可以直接用来对应企业内部运营的支撑流程及规范。

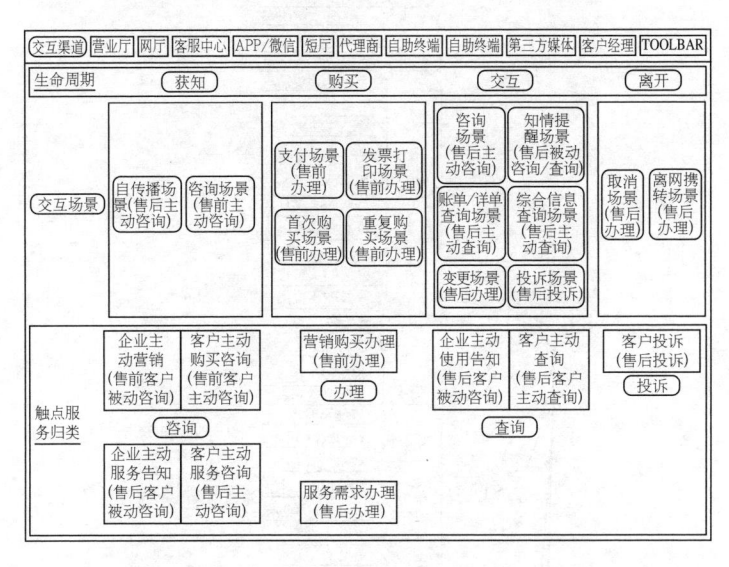

图3.3.5 场景梳理

第二步，根据二级交互场景梳理客户体验指标体系。

前文中我们谈到，客户体验总体指标是**NPS**和客户满意度。除了这两个指标，根据交互场景，我们可以归纳出系统直接采集的重要指标，如图3.3.6所示。

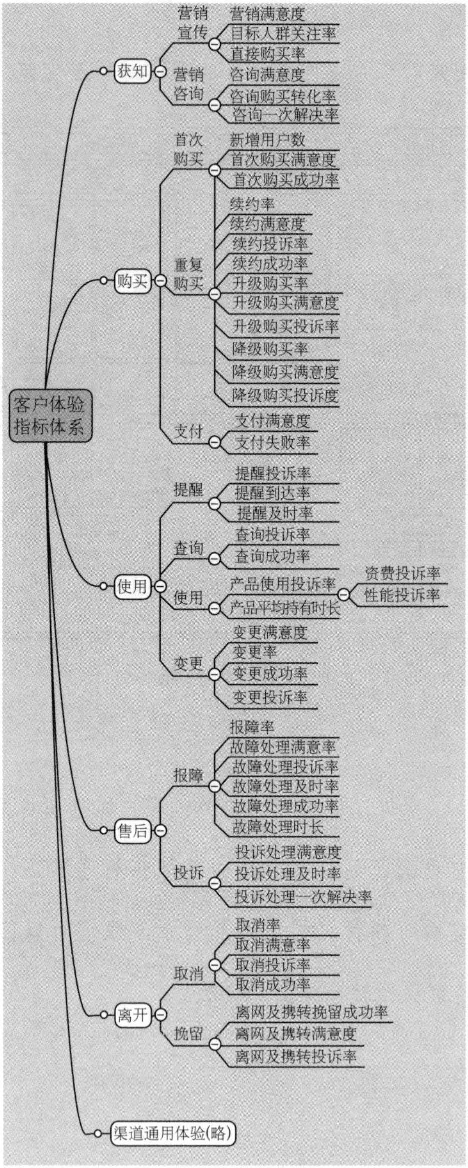
客户体验指标体系
获知
营销宣传
营销满意度
目标人群关注率
直接购买率
营销咨询
咨询满意度
咨询购买转化率
咨询一次解决率
购买
首次购买
新增用户数
首次购买满意度
首次购买成功率
重复购买
续约率
续约满意度
续约投诉率
续约成功率
升级购买率
升级购买满意度
升级购买投诉率
降级购买率
降级购买满意度
降级购买投诉度
支付
支付满意度
支付失败率
使用
提醒
提醒投诉率
提醒到达率
提醒及时率
查询
查询投诉率
查询成功率
使用
产品使用投诉率
资费投诉率
性能投诉率
产品平均持有时长
变更
变更满意度
变更率
变更成功率
变更投诉率
售后
报障
报障率
故障处理满意率
故障处理投诉率
故障处理及时率
故障处理成功率
故障处理时长
投诉
投诉处理满意度
投诉处理及时率
投诉处理一次解决率
离开
取消
取消率
取消满意率
取消投诉率
取消成功率
挽留
离网及携转挽留成功率
离网及携转满意度
离网及携转投诉率
渠道通用体验(略)

图3.3.6　客户体验指标

这些指标既是与经营直接相关的指标，也能体现客户的体验感受。在这个体系中，我们把场景中的交互进行了拆分，分为使用和售后两部分。这里罗列的指标除了客户满意度之外，都不需要客户调研，直接从企业内部就可以获得。这些指标不是体系的一级指标，而是二级指标。一级指标需要从这里筛选，能最大限度地体现经营与客户体验。

第三步，指标定义。指标需要有明确的定义和公式，还有采集渠道。如表3.3.2所示。

第四步，建立指标关联。在场景梳理中，能够看到客户交互场景之下就是服务触点的归类，在触点部门有很多业务流程支持这些指标的输出，那么就要在业务指标与客户体验指标之间建立关联。例如，营销咨询转化率的达成，内部营销设计时，企业需要精准选择客户人群，考虑客户需求；触点人员要理解营销业务和做到话术的客户化等。很多客户体验指标直接对应的就是内部操作流程、规范及工作方法甚至绩效。我们曾遇到一个案例，客户营业网点客户体验不好，投诉率居高不下，客户购买产品后满意度低，深究原因后发现是由于企业内部考核导向是销售，而不是服务，致使很多营业员用购买产品后才会解决客户实际问题来要挟客户，虽然营业额达标了，但是客户满意度很差，投诉率很高，而被胁迫购买的产品客户满意度也是很低。

一级客户体验指标名称	客户体验指标定义	计算口径	备注
产品营销活动关注度	指统计周期内，本营销内容咨询的客户数占营销计划的目标客户数量的比例	sum（各渠道本项目咨询量）/ 目标客户数	可能最终结果大于1
产品目标客户购买率	指统计周期内，成功购买产品及业务的客户数占目标客户数的比例	sum（各渠道本产品办理量）/ 目标客户数	结果小于等于1
产品使用活跃度	是指统计周期内，实际使用的活跃客户数占开通本产品的所有用户的比例	活跃用户数 / 所有开通本产品客户数	
产品到期续约率	指统计周期内，续约成功的客户占到期客户的百分比	本业务续约用户 / 周期内到期用户	
产品平均持有时长	指统计周期内，已取消本产品的用户的平均持有时长。	avg（产品取消时间 - 产品开通时间）	
产品投诉率	指统计周期内，本产品的投诉客户数占本产品存量客户数的比率	sum（本产品投诉客户数）/ 周期内本产品客户存量	也可以用投诉数量代替投诉用户数，指标会偏大
产品取消率	指统计周期内，取消某产品及业务的客户数占该产品存量客户的百分比。 [存量客户 =（期初存量客户数 + 期末存量客户数）/2]		
离网及携转率	指统计周期内，离网及携转的客户数占在网客户的百分比 [在网客户 =（期初在网客户数 + 期末在网客户数）/2]		
产品客户满意度	指统计周期内，客户对本产品的满意度评价 (含全生命周期)	在产品专项调研中，对客户满意的加权平均得分	
产品净推荐值 (NPS)	指统计周期内，客户净推荐本产品值	(本产品推荐者数 / 目标客户数) ×100%-(本产品贬损者数 / 目标客户数) ×100%	

表3.3.2　指标定义示例

客户体验指标体系的建立是管理客户体验的开始。指标体系需要与客户体验测量进行关联，在企业内部与客户相关的数据可以用于分析，也可以用于监控。企业需要根据自身的业务特点和客户体验关注重点来进行调整。根据内部的指标分析用于定量发现问题，用外部测量的方式定性研究问题发生的点和具体原因。两者有效组合才能进入客户体验的改善阶段。

第四节 客户体验改善的方法

体验的感知是一个过程,关注交互过程比关注单点重要。并不是所有触点都要做到最优,关注"峰""终"会让企业在成本与客户体验之间找到好的平衡点。

我们搭建了客户体验指标体系,通过内外部分析及测量,找出了客户问题的点。那么现在需要开始优化客户体验。优化客户体验有两个重要的工具,一个是描绘客户的情感地图,一个是峰终理论的应用。

还记得吗?本章第二节介绍了客户体验模型,这个模型包含体验层,情感层和行为层三个层次。客户的行为是由于交互过程中的感受带来情感上的变化造成的。那么我们探讨客户在与企业交互时,每个交互层面客户的感受可能是什么,带来的是正向的情感还是负向的情感。这就是我们说的描绘客户的情感地图。

什么是客户的情感地图？这是我们根据流传很久，大家都熟悉的服务蓝图转化而来的。在客户体验的测评与优化中经常使用，我们又称之为客户交互蓝图或者客户之旅，顾名思义就是按照客户的旅程走一遍客户的经历。情感地图就是在这个"客户之旅"中，标注出客户的情感变化。

一、描绘客户的情感地图

描绘情感地图，在客户体验测评的专家测评中会经常用到。企业内部的人员也可以用这个方式自己进行测量和优化。具体的工作方法分为四大步骤。

第一步，绘制现有交互模式下的"客户之旅"（客户交互蓝图）。我记得很多年前我在学习ISO9000时，认证老师说，"写下你所做的，然后按照你写的去做。"我们在梳理客户的情感地图时，第一步就是按照这句话的上半句做的，写下现在客户与企业交互时的步骤和方法，同时标注客户的情感符号，并标注企业内部的支撑和系统。

第二步，在"客户之旅"中找出客户体验的噪点。在"客户之旅"中，客户层面上的每个客户可能产生情感变化的节点都要标示出来，同时要把对应的企业内部的运营、支撑行为标示出来。企业的这些会引起客户情感变化的行为点，我们称为"客户体验的噪点"。

第三步，思考优化这些点的资源和条件。根据以往的研究发现，客户端浮现的问题，80%是后台原因造成的，而一线原因只占20%，甚至不到。很多时候，客户感知不好的原因来自后台。对于客户体验优化来讲，阻力就会比较大。因为来自一线的大部分问题是态度问题。业务熟练程度问题通过恰当的培训是可以得到改观的。另外，同样的一线问题，绩效导向也占有很大比重，如绩效鼓励销售，不鼓励服务，所以销售人员在客户交互过程中关注点在卖东西上，可能会忽视客户的服务诉求，让客户感觉强买强卖，或者受到不必要的骚扰。这是后台支撑的问题。

所以，企业绘制出客户的情感地图，找到体验噪点，关键在于剥离问题的根源，而不仅仅看表面的问题。

第四步，绘制优化后的客户情感地图，并按照它去执行。找出噪点和优化资源后，根据可优化的情况，企业再绘制客户的情感地图，这时候的情感地图，整个输出对客户来说，更多的是愉悦的感觉，通过内部运营层制度、流程、系统、对合作伙伴的管理及人员的培训等可控因素进行优化，降低可能导致客户的不愉悦的可能性。

客户的情感地图是根据交互蓝图①的原理绘制的(见图3.4.1)。

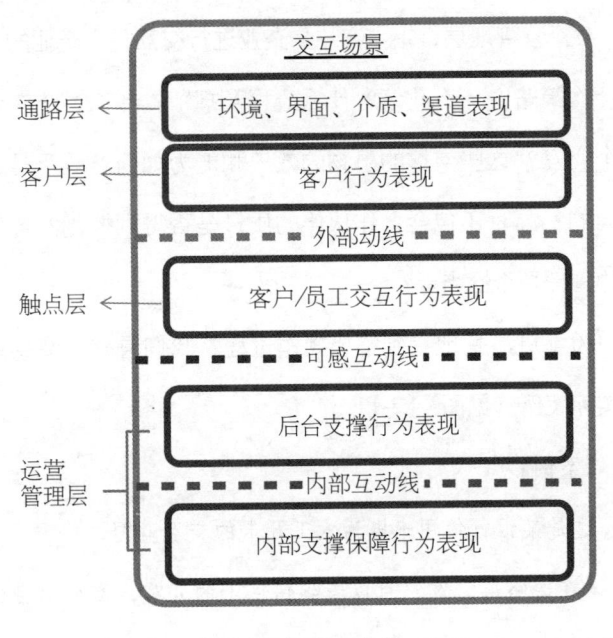

```
                    ┌─────────────────────────────┐
                    │         交互场景              │
                    │  ┌───────────────────────┐  │
         通路层  ←──┤  │ 环境、界面、介质、渠道表现 │  │
                    │  └───────────────────────┘  │
         客户层  ←──┤  ┌───────────────────────┐  │
                    │  │     客户行为表现        │  │
                    │  └───────────────────────┘  │
                    │ ----------外部动线---------- │
         触点层  ←──┤  ┌───────────────────────┐  │
                    │  │  客户/员工交互行为表现   │  │
                    │  └───────────────────────┘  │
                    │ ----------可感互动线---------│
                    │  ┌───────────────────────┐  │
         运营        │  │    后台支撑行为表现     │  │
         管理层      │  └───────────────────────┘  │
                    │ ----------内部互动线---------│
                    │  ┌───────────────────────┐  │
                    │  │  内部支撑保障行为表现   │  │
                    │  └───────────────────────┘  │
                    └─────────────────────────────┘
```

图 3.4.1 交互蓝图框架

◎通路层,是客户与企业交互前及交互时所见所闻,使用的工具,所处的环境,甚至受到的干扰因素。

◎客户层。指客户行为表现,客户与企业交互,无论是人人交互还是人机交互前,客户的所作所为。

◎触点层。指客户与企业交互时，无论是人人交互还是人机交互，客户的行为是什么？企业的行为是什么？这两个行为是如何交织在一起的？

◎运营管理层，指当客户与企业进行交互时，企业的后台是什么策略？什么政策？什么流程及规范？什么系统在支撑这个交互？这些支撑的事物的效率和能力如何？是否是客户导向的？同时还包含合作伙伴的质量是否得到控制？合作伙伴的管理是否恰当等？

为了更清楚地看到整个操作过程，我们看一下情感地图的实际案例（见图3.4.2-1）。

【案例】

这是某银行信用卡电话人工开卡的交互蓝图。

• 在通路层，客户可以看到信用卡的外观，看到附带的开卡说明书，说明书是否简单易懂，在拨打电话时可以感受到是否能立刻开通。

• 客户层是客户的所有行为，从拨打电话到开卡成功后，客户可能会在社交媒体上议论，无论好坏。

• 触点层是企业的一线交互，这里特指客服中心的电话触点，既包括人机交互（听到IVR播报提示），又包括客户与客服中心座席代表的互动。

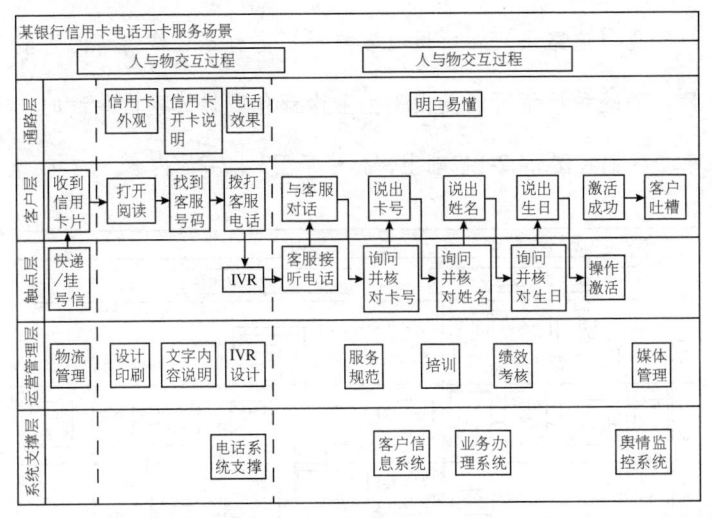

某银行信用卡电话开卡服务场景								
通路层		人与物交互过程			人与物交互过程			
^		信用卡外观	信用卡开卡说明	电话效果	明白易懂			
客户层	收到信用卡片	打开阅读	找到客服号码	拨打客服电话	与客服对话	说出卡号	说出姓名	说出生日	激活成功	客户吐槽
触点层	快递/挂号信			IVR	客服接听电话	询问并核对卡号	询问并核对姓名	询问并核对生日	操作激活	
运营管理层	物流管理	设计印刷	文字内容说明	IVR设计	服务规范	培训	绩效考核	媒体管理	
系统支撑层			电话系统支撑		客户信息系统	业务办理系统		舆情监控系统	

图3.4.2-1 某银行信用卡电话人工开卡的交互蓝图

• 运营管理层,这里把运营管理和系统支撑分开了。运营管理层中包含了供应商管理,比如信用卡递送物流公司的管理,信用卡及开卡说明书的设计等;还包含了电话中IVR的路径及播报设计;在人人交互中,包含了服务规范的要求、人员培训的支持,绩效考核的设置;针对客户可能的议论,涉及媒体管理的相关内容。

• 系统支撑层,包含了电话系统、业务办理系统、客户信息管理系统和舆情监控系统。

仅仅绘制好这个蓝图是不够的，企业需要了解和明确客户所见（通路层）和所做（客户层）会有什么样情绪的可能性，而这种情绪可能是由于企业内部什么样的事情导致的。于是我们在图3.4.2-1基础上，标注了图3.4.2-2的内容。

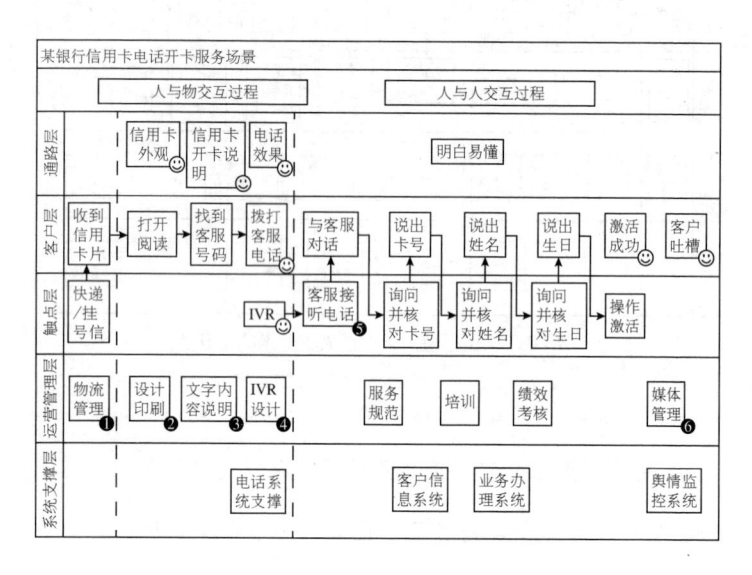

	某银行信用卡电话开卡服务场景		
	人与物交互过程	人与人交互过程	
通路层	信用卡外观 / 信用卡开卡说明 / 电话效果	明白易懂	
客户层	收到信用卡片 / 打开阅读 / 找到客服号码 / 拨打客服电话	与客服对话 / 说出卡号 / 说出姓名 / 说出生日 / 激活成功 / 客户吐槽	
触点层	快递/挂号信 / IVR / 客服接听电话 ❺	询问并核对卡号 / 询问并核对姓名 / 询问并核对生日 / 操作激活	
运营管理层	物流管理 ❶ / 设计印刷 ❷ / 文字内容说明 ❸ / IVR设计 ❹	服务规范 / 培训 / 绩效考核 / 媒体管理 ❻	
系统支撑层	电话系统支撑	客户信息系统 / 业务办理系统 / 舆情监控系统	

图3.4.2-2　加标注的某银行信用卡电话人工开卡的交互蓝图

图中标有笑脸的部分，都是客户情绪可能会有变化的部分。在这个交互过程中，几乎所有环节，客户都会产生情绪变化。图中标有数字的部分，指内部什么地方出的什么状况可能会引起客户的负面情绪。

- 客户看到信用卡时，卡片设计是否漂亮，是否符合客户的想象及审美，会给客户一种愉悦的还是不愉悦的感觉。而客户在阅读开卡说明时，内容是否简单易懂，流程是否直截了当，页面是否清爽明了，字号是否大小合适，字体是否舒服等都会影响客户的感觉。这是银行是否专业性很强的一种表现。但实际上银行往往忽视这个表达，忘了这个内容所传达的信息，不但要让客户看明白，还要让客户感受到企业的专业性。

- 客户拨打企业的客服电话，IVR是很重要的环节，如语速是否适中，内容的传递是否清楚，是否易懂，是否会让客户困惑紧张、不知所措。IVR的编撰是否考虑人们接受自助语音的习惯，每段说明的长度，语言的客户化，菜单的展现逻辑及层级多少，这些都是企业设计时需要考虑和管理的、并且测量的，否则无法给客户提供感觉良好的IVR语音服务。

- 客户与一线客服人员交互时，客服人员的态度，对客户问题的理解，业务的熟练程度，处理过程的友好且专业，都会对客户的感觉造成影响。客服人员需要接受这些方面的培训，培训要客户化的，能够让客服人员快速接受、理解和应用在工作中。客服人员的绩效导向是什么样的，这将决定着客服人员在与客户交互时的行为，而这些行为会影响客户的感知。用以支持客服与客户交互的系统，是否使用简便，是否反应迅速，是否支撑智能，是否符合客服交互习惯等都会影响客服人员与客户交互时客户的感知。

• 现在是社会化媒体时代，是互联网社交时代，当客户做完一件事甚至正在进行一件事时，会在社交网络上发言、晒图甚至发布视频。所以当客户开卡结束，甚至还在开卡过程中，有可能会发布自己的感受，这个感受可能是正向的，也可能是负向的，无论是什么类型的感受，都可能有一定的影响力，有的甚至能够引起轩然大波。企业内部是否有对社交网络的监控，是否有应对舆情的相关策略，是否能够在社交网络中与客户交互时传达正面形象，这些对企业来说非常重要。

标注了客户的感受和企业的影响因素后，企业需要对资源进行分析，同时对优化内容进行排序，找出改善后对客户影响最大的企业内部因素，这也是基于成本的考虑。不是改善所有，要改善对客户感知影响最大的部分。

客户情感地图有很多表达方式，以下是另外一种方式，我们以观看某网球比赛的整体体验为例予以说明（见图

3.4.3）。

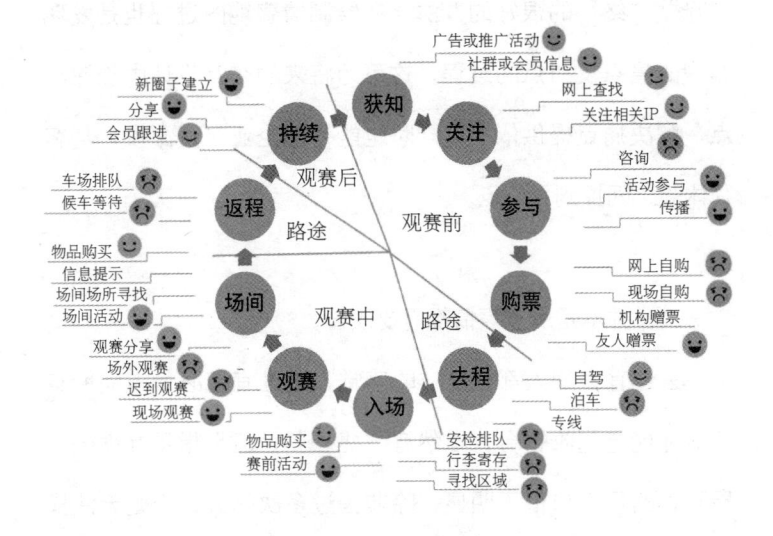

图3.4.3 观赛情感地图

"观赛情感地图"至少包含三个层级，第一层级划分为客户观赛前、观赛中、观赛后和路途部分；第二层级是第一层级的细分；第三层级是第二层级下的客户场景；情感标注在场景层面，每个场景的体验会直接带来客户情感的变化。

根据客户体验峰终理论，交付客户综合的好的体验是最重要的，而不是客户之旅中每个环节都要极致，通过情感地图标注客户对各个环节的情感变化，再通过结构化客户问题的访谈等测量方式评估节点对情感的影响度是剥离"峰""终"的很好的办法。在绘制情感地图过程也是发现客户的痛点及甜点的过程,这可为将来的交互设计中加深甜点、解决痛点提供依据,同时也能帮助企业在资源投入与客户体验之间找到平衡点。

二、并不是所有事情都需要改善

去过宜家的人都有这样的感觉,走进宜家必须走完所有角落才能走到收银台,虽然有"捷径",但是指示标牌很不显眼,路径入口很不明显,除非去过多次的人,否则无法找到。但是只要去宜家的人,几乎没有空手而归的,总会买些大大小小的东西,因为总有些东西能触发客户的需求,促使客户发现正需要的物品,或者某个物品那么好看、那么惹人喜爱……我常问"在宜家既然动线体验那么不好,为什么客户还一次次地去呢?"我得到的最多的答案是下列几个。

◎浸入式体验。那些摆设都是模拟家居的样子陈设的,让人身临其境,我总结其为浸入式体验,即客户不知不觉地沉浸在企业设计的场景中。那些场景正是客户生活中类似的场景,但是无论是从设计、布局、色彩到产品的质量,可能都会高于客户的实际环境，或者是客户没有想到的设计，空间的巧妙利用，小而美的温暖，这些设计会引起客户心理上的共鸣。"设计得巧妙""这个可以借鉴""这种搭配大胆而舒适""我也可以有这样舒适的家"……由于是浸入式体验，客户可以触摸、使用尝试，这是真实的体验。这些从触觉、视觉到心理的暗示，会让客户流连忘返，再加上产品具体而详细的说明，客户不买是不可能的。

◎实践体验。宜家购物是自助式的，家具是可以自行组装的。宜家准备了纸尺、记录卡和小铅笔，放置在每个区域最显眼的位置。客户可以测量，记录，坐在那里看着布局想着自己的家，我总结这个为实践体验。人有参与的需求，有掌控的需求，也有创造的需求。宜家契合了人的这些需求。

◎体验"甜点"。宜家的食物是相当吸引人的。不但有正餐的北欧食品、瑞典肉丸、烟熏三文鱼等，还有收银台出口的一元冰激凌、三元热狗，这些都是让人难以忘怀的。这些可以说是让客户感觉极好的体验"甜点"。"甜点"就是在平淡无奇中，突然给客户带来不同的、新奇的点。例如，我们都有这样的经验，当我们爬山爬得筋疲力尽、口干舌燥时，山路拐弯处的一个小小的饮料摊卖的冷饮和时令蔬果，会令我们觉得水格外解渴，蔬果格外新鲜香甜。这个饮料摊就是"甜点"，会增加客户的体验记忆，美好而令人牵挂。宜家餐厅中的餐食丰富而可口，不是我们常吃的中餐，有着北欧风情，好看好吃而有趣，价格也不贵，客户逛累时，小憩一下非常好，这些能安抚疲惫，并且让客户想想还需要买什么……收银台外的一元冰激凌，起到的作用是当客户大包小包、大车小车、狼狈不堪时，它的冰爽和低廉的价格给客户带来放松和舒爽。有人说这一元冰激凌就是宜家的"终"（参见峰终定律介绍）。

通过宜家的例子，我们发现如果想让客户体验好，并不是客户之旅中所有环节的体验都一定是好的，而是发掘出客户关注的那些环节，把它设计好、契合人性，挖掘客户的需求，满足客户潜在的需求。在一次体验之旅中只有峰值和终值让客户记住。这也是企业在优化客户体验时需要平衡成本与体验时需要考虑的事情。

什么是峰值？峰值是客户在与企业交互时，客户的直接需求和潜在需求。例如，去宜家的客户是去挑选家具家居用品，或者去借鉴居家布置的，所以环境的浸入式体验设置，家具家居用品的质量是客户关心的峰值，由于这个峰值，客户可以忽略动线的漫长，捷径的不友好，服务人员少，服务态度一般等问题。在其他关键时刻，客户转了一圈累了饿了，需要解解乏，丰富的餐饮和一元冰激凌安抚了客户的心。

什么是"终"？很多时候大家把"终"理解为终点。实际上这里的"终"有两重意思，一个意思是我们常谈到的"结束"，就是客户与企业交互过程中进入尾声的时刻，并不一定完全是终点，很多时候是接近尾声的"甜点"。宜家的一元冰激凌在收银台外，不是在停车场，也不是在托运处（宜家的托运往往是客户体验非常不好的时刻，不但人多，手续麻烦，并且有时候运费甚至比所购买的商品还贵），但是客户获得了自己想要的东西，甜品安抚了焦躁，这些不好的体验都可以忽略不计。另外一个意思是客户最终对与企业的交互的整体认知，企业希望客户认知品牌价值还是交互过程？宜家希望的是客户能认知品牌价值，交互过程已经显得不那么重要。

再举个例子，普通人在奢侈品店购物，与名人相比，通常会被忽视，店员态度不冷不热，普通客户感觉会很不舒服。但是有些普通人会一次次光顾购买，为什么？因为可以获得这个品牌带来的虚荣。虚荣心的满足是最高体验。奢侈品店给名人交付的是贴心尊贵（当然也有虚荣心，别人被忽视，自己被重视，而品牌也是购买力和地位的表现，这也是虚荣的体现），给普通人交付的是虚荣心的满足。这也是"终"的第二种情况，那个"终"是可以滞后的，不是"结束时"，不是"终点"，是"最终交付的感知效果"。

所以企业在设计整个客户生命周期的交互场景时，需要考虑的是我们希望交付什么样的客户体验？是品牌整体体验？服务有效体验？还是其他？这样才能做好取舍。

如何找出交互的那些关键节点？如何找到"峰终"？峰终是在清晰描述客户之旅（情感地图）的前提下操作的。峰终的关键在于找到各个交互节点，去了解客户认为这些节点的重要程度。去优化改善客户认为最重要，最影响体验的部分。

一般获取客户对节点认识重要程度有两个方法。第一个方法是深挖客户的抱怨及投诉，找到那个关键环节；另一种方法是让客户对这些节点的重要度进行打分，来剥离峰值部分和峰值中客户最关注的要素。

我们以信用卡电话人工开卡为例，说明采集节点的重要程度（见表3.4.1）。

序号	节点名称	重要度评分（1~10分，1分为最不重要，10分为最重要）
1	信用卡外观美观	3
2	信用卡开卡说明简单清晰	9
3	信用卡开卡方式多样化	9
4	信用卡电话开卡自动语音清晰易懂	8
N	……	……

表3.4.1 采集节点重要程度

【案例】

节点重要程度的调研，需要设计一个简单的二维表，包含序号、节点名称和重要度评分。重要度评分按照最不重要到最重要的顺序一般分为1~5分制或者1~10分制。1~10分制可以拉大分差，让最终统计分数和决策变得更清晰，但是对客户来说，分差大有时会带来困惑，如7分和8分，8分和9分到底是怎么区分的，其实差异不大。做这个重要度评分时，企业需要考虑不同客户群落的不同感受。因为客户体验与客户的背景、经历和经验都有重要的关系。

绘制二维表后，首先根据客户情感地图，企业筛选出各节点，但是不能把节点名称直接写上，需要把节点中客户感知到的内容作为节点名称写在需要客户评分的表格中，这样评分者才能够理解，如图3.4.4所示。其次，选择目标人群，让客户进行重要度评分，调研采样样板量要足够，否则会出现偏差。最后，企业根据采集的评分统计分析，进行重要度排序。

整个客户体验改善的方式，都是基于客户的情感地图的，按照客户逻辑，全生命周期地绘制客户的情感地图，再根据节点重要度调研，确定节点重要性；在分析客户体验测评或者投诉抱怨时，企业要找出重要且体验不好的节点，优化重要且体验不好的节点。

三、在成本与客户期望中寻找平衡

在通过重要客户体验节点的筛选之后，客户体验管理人员需要评估优化成本和优化后的风险。例如，很多企业的客服热线面临的问题是人工接入的接通率低，客户如果一定希望人工办理，却又打不进去人工电话，体验会很糟糕。提升客户体验的最简单的方法就是增加接听电话的人数，但是客服中心的规模不能无止境地扩展，那意味着成本的无休止地增加。所以企业会从另外几方面来改善这个体验，一方面通过一些手段让客户分流到自助渠道，如IVR自助和互联网自助；另一方面通过绩效调整来改变客服人员的接听行为，促使客服人员尽量缩短通话时长，单位时间接起更多的电话（不过这也是有负面伤害的，这个我在客户体验分析中讲过）。这两种方法都能有效地提升接通率，对拨打电话需要人工接通的客户来说，体验会提升，对企业来说，成本增加比起不停地增员要低很多。从另一个角度讲，企业知道好的服务可以带来好的体验，而好的体验会使客户更愿意购买更多的产品，如果客服中心的经营模式发生改变，考虑营销服务一体化，那么客服中心就不仅仅是服务客户，还会深度挖掘客户需求，在恰当的时机推销产品给客户，如此一来，原来的成本中心变为利润中心，那么人员扩张，成本增加也不是不可能的。

从这个例子不难看出，客户体验一个节点的改善，实际上不仅仅是一个单点的问题，会涉及企业内部的经营决策、内外部流程、制度及IT系统。而为了改善某个节点，有时候需要公司决策层的整体考虑。也有时候只是增加一些节点，但是那些节点的体验也需要关注和优化，如增加了引流的节点,为了引流,企业需要设计引流行为,要考虑通过什么方式引流?引流语言如何表达?引流过程是否简单顺畅?另外,引流还可能会增加其他原有节点的负担,如大量引流自助会增加自助渠道的负担,自助渠道的负载是否做好相应的准备?自助本身的体验设计是否合理等都会影响客户感知。

四、客户体验管理执行要点

客户体验改善的执行(见图3.4.4)是一个持续改善的过程。

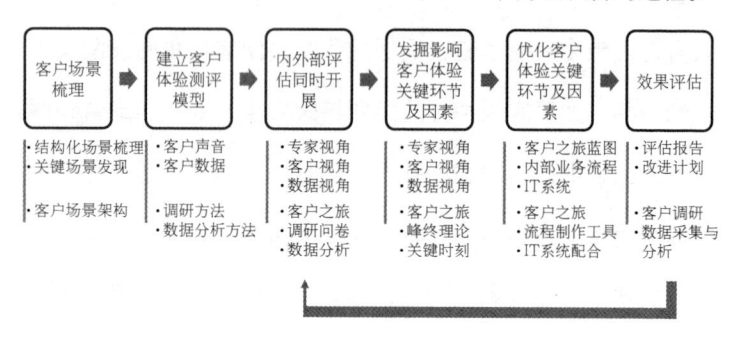

客户场景梳理	建立客户体验测评模型	内外部评估同时开展	发掘影响客户体验关键环节及因素	优化客户体验关键环节及因素	效果评估
·结构化场景梳理 ·关键场景发现 ·客户场景架构	·客户声音 ·客户数据 ·调研方法 ·数据分析方法	·专家视角 ·客户视角 ·数据视角 ·客户之旅 ·调研问卷 ·数据分析	·专家视角 ·客户视角 ·数据视角 ·客户之旅 ·峰终理论 ·关键时刻	·客户之旅蓝图 ·内部业务流程 ·IT系统 ·客户之旅 ·流程制作工具 ·IT系统配套	·评估报告 ·改进计划 ·客户调研 ·数据采集与分析

图3.4.4 客户体验改善的执行

客户体验改善执行开始于客户场景梳理,根据场景建立客户体验测评模型(此部分相关内容参见本章第三节"客户体验问题的发现与揭示——客户体验的测量")。在测评模型的基础上,企业要细化全产品生命周期的体验控制环节的测评内容，如设计环节是否基于人性需求设计的产品或者业务？是否考虑到产品或者业务在传播时客户的需求？营销效果是否有针对性的测评指标和方法等？优化是否设定了具体目标？目标达成如何？目标达成过程中内部动用了什么资源？哪个资源是最有效的？给将来的体验优化带来的经验是什么？

在以往的项目经历中我们发现，客户体验优化的项目开始难，持续也难。主要原因是这个工作没有日常化。企业一旦建立起客户体验测评模型，测评就可以日常化了，尤其是内部分析，可以和运营报告一样每周每月进行分析跟踪。而对于每一个新产品、新业务及新服务的推出，都需要在客户体验测评模型的基础上细化，采集数据，及时监控，同时做客户调研，进行内外部数据关联。

当客户体验优化执行后，企业需要建立优化的阶段性目标，并进行日常监控。建立例会机制，呈现优化进展及效果，及时调整资源投入和方法。优化结束后，至少要持续监控评估三个月，当客户体验变好，并维持在一个相对稳定的水平时，才可以不做监控项评估。

客户体验优化不是单一部门的事情，是企业各部门联动的事情，所以很多时候需要决策层参与。客户体验管理人员除了需要具有客户视角外，还需要具有全局观、成本意识，把资源放在优化后客户体验改善幅度最大、获益客群比例最大的部分。客户体验管理的工作不但要项目式操作，更重要的是日常化，各业务部门把客户之旅常规化，测量每个节点的客户行为和感知常规化，落实到业务设计执行的每个环节中，才能有效运转，持续改善，日渐优化！

拓展阅读

①交互蓝图描绘的是客户在每一个体验环节和工作人员或机器的交互过程，每一个过程都体现出客户所见、接触界面、后台支撑等，个别局部环节的细微差别都将影响到体验的整体效果。

第四章

客户体验管理的实战

客户体验管理不能仅仅依托理论,更更重要的是在实际中如何操作。本章结合案例重点介绍如下内容:

- 营销的旋律;
- 服务的节奏;
- 忠诚度变奏。

第一节　营销的旋律

乔布斯曾说："对我来说，营销学讲的是价值观。"

现在，我们的生活几乎被各种营销包围，走在街上、等电梯、坐电梯、乘公交、坐出租车、开车，都可以听广播、上社交媒体、看视频、打开应用……营销无处不在，可几乎都是过眼云烟，能打动我们的很少，更别提能被记住并且真正地转化成交易了。有人说那些广告或者营销文案不是为了让客户立刻购买，而是为了品牌的传播，那么我们记住了几个品牌呢？企业传播品牌给大众的目的是什么呢？难道不是扩大认知，最终促成交易吗？

一、后互联网时代的营销让客户"嗨"起来

【案例】

2014年的春节，在某个微信群，我第一次看到微信红包,有人兴奋地说抢到了几块钱,也有人很沮丧,说手气真不好才抢到几毛钱。我很好奇,决定试试自己的手气,尝试着抢了一个,收获1.82元,很惊奇,于是接着抢,想看看自己最多能抢到多少。抢多了,就觉得需要发一些,光拿别人的不好意思,于是就绑定了银行卡,想暂时绑定吧,发完红包就解除绑定,毕竟当时手机绑定银行卡这件事儿怎么想都觉得不安全。这样,这个春节我一共抢了218元,发了176元。

　　之后,看到腾讯财付通的统计,微信红包仅用两天的时间就绑定了个人银行卡两亿张,这个数字与支付宝积累了八年的成果相当!这让我开始看清微信红包的"真面目"!

　　2015年的春节,微信红包居然登陆央视春晚,记得当时家里老少三代五口人晚上随着央视春晚的摇红包节点一起摇六部手机(我有两个微信号在两个手机上),情绪激昂,场面相当壮观。从初一到初四,有两个五百人以上的微信群每天从早上9:30到下午8:30为发红包时间,群主首发,一次20元,15个红包,抢到最多者接着按照这个规则发,持续一小时……每到红包时间,我就冲进去抢,抢到最大的很兴奋,再激动地去发……记得抢红包最快的一次,2.6秒15个红包被抢完。过完春节,大家开始晒今年发了多少红包抢了多少钱。记得一个朋友发了27000多元钱，抢了18000多元钱。我发了4000多，抢了3000多……

我们再看看当年腾讯财付通的数据：全国摇一摇总次数超过110亿次；除夕夜22:34分达到峰值，摇一摇平均8.1亿次/分钟；全球有185个国家的人参与。

2016年春节，我的热度没那么高了，但也参与了一些。之后看到财付通统计，微信支付收发红包六天内超过320亿，同比增长九倍。

微信的抢红包，是后互联网时代最成功的营销案例，没有之一！为什么？腾讯的目的是让你绑定银行卡，目的是为移动支付打下伏笔，而我们却以为这是一个好有趣的游戏。我们都成为它的不付工资的营销员，还超级卖力，这两点就足以说明它的成功。我们理智地分析一下到底发生了什么。

第一，这个营销的设计思路是让大家在玩儿的同时达成营销目的，让微信绑定银行卡，为将来的微信支付及更多的可扩展的业务奠定基础。

第二，这个营销是以游戏的方式让大家参与进来，在玩儿的过程中不知不觉地传播起来，让更多的人知道它、使用它、依赖它。

第三，这个营销的整体设计非常符合人性。首先操作简单，用户的学习成本极低，拿来就能上手。其次，一个"抢"字，正大光明地满足了人性中的贪婪欲望；抢完后大家会说自己抢到多少钱，有的因为抢的多而高兴，有的因为抢的少而懊恼，这恰好迎合了人们的比较心理，而抢得多的"炫"，又满足了人们的虚荣心——你看我多棒，运气多好！而每次都不知道抢到多少钱，则能不断激发人们的好奇心——有什么样的惊喜等着我？能不能抢得更多？"好奇—贪婪—比较—虚荣"这样的心理一遍遍被激发出来，于是游戏就会一直玩儿下去。

第四，这个营销设计是基于社交的。社交的关键在于连接、话题、传播，还有深层次的人情因素。红包的发与抢都是连接和传播；而抢到多少，情绪沮丧还是兴奋都是话题；发红包有一定规则，不能光抢也要发，或者抢得最多的人发下一轮等则是基于人情。

在玩的过程中我们都"愉快地被耍了"，在我们玩"嗨"了的同时，微信财付通的获益又有哪些呢？

第一，获得用户信息。我们从《微信支付用户服务协议》看到，微信可以获得"本人的真实姓名、身份证号、银行卡卡号、有效期(信用卡持卡人需填写)、银行预留手机号等信息""您同意并授权本公司在提供本服务前或提供本服务期间向有权机关或组织查询或核实您的相应信息,如身份信息、账户信息、外汇购买额度等""您授权本公司在法律规定的范围内保存您的姓名、身份证号、手机号、银行卡号、交易订单、交易记录等信息,以供向您持续性地提供和推广优质服务。"

第二,用户社交的信息。你及你朋友的言论、你关注了什么服务号、你通过微信交易的情况,微信都是可以获知的。

第三,微信零钱里的沉淀资金也是一笔巨大的财富。

第四,当用户习惯了微信支付,对移动端支付没有了心理障碍时,更广阔的天地在等着微信:让企业在微信平台上顺畅地打造"营销—交易—物流—反馈"的完整生态系统,让最终用户将腾讯旗下的所有货币统一起来……

微信红包给后互联网时代的营销做了个示范,这个时代的营销有如下几个特点(见图4.1.1)。

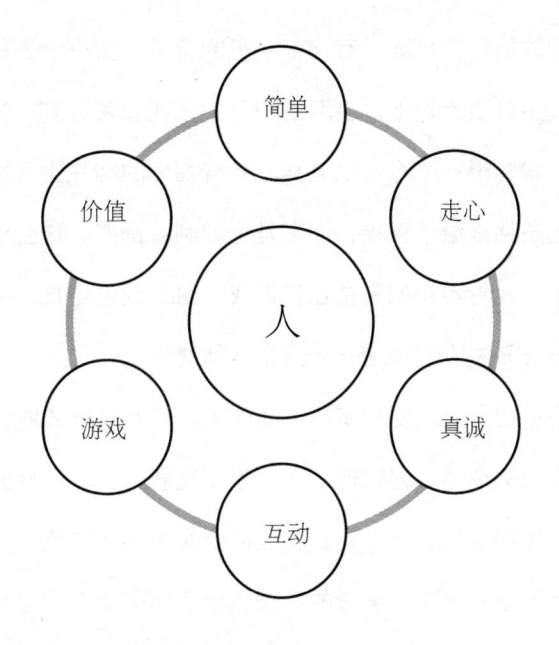

图4.1.1　后互联网时代营销的特点

◎简单，客户容易理解、快速参与。

◎走心，关注人性，谙熟人的心理，每一个环节都打动客户，感染客户，把客户带入品牌或者产品场景，制造一种文化、氛围或者情节，如益达口香糖的长达16分钟的系列故事广告。

◎真诚，在信息透明、传播迅速的时代，不真诚的企业会立刻被发现、被曝光。一个不真诚的活动或者推广会失去很多客户的信任。例如，有一个常见的营销，信用卡公司告诉你，过生日当天刷卡，会双倍积分。在我看来这有点要挟的意思。我觉得一个企业如果真心想祝福你的客户生日快乐，需要无条件地给予祝福，而不是采取利益诱惑，这会显得毫无诚意。我更希望的是企业告诉我，由于我过生日，平白无故会送我哪怕是100积分……这是一种诚意。

◎互动，企业要和客户互动起来，只有这样才能让客户知道企业关注他，喜欢他，企业也才能获得更多的机会了解客户，增加信任。互动中，企业需要考虑渠道定位、渠道整合，而不是一个单一渠道的互动。企业还需要考虑互动过程中相关话题、引爆点、传播方式等。只有立体的互动才能真正发动起客户。很多企业采取"邮件+微信""微博+微信+官网+实体店"的整合营销模式，与客户互动。

◎游戏，增加娱乐性，让客户在与企业交互的时候"玩儿"起来，"嗨"起来，传播起来。

◎价值，传达出给客户的价值。这个价值既可能是金钱的，也可能是荣誉、心理满足等方面的。价值的展现是多元化的，不同客户对价值的需求是不一样的，企业要了解到这一点。企业需要树立什么样的品牌形象，什么样的价值观，是给客户解决痛点还是会让客户的生活更美好？例如，耐克在2012年伦敦奥运期间的"伟大"系列，它的核心是对伟大进行重新诠释，激发客户关于"平凡之中有伟大"的思考，鼓励每个普通人活出自己的伟大。

二、后互联网时代客户购买模式的变化

营销的概念经历了从4Ps到4Is[①]的发展（参见第二章第三节的"扩展阅读"），从关注产品，到关注客户，到关注人、人的价值[②]。当企业不再把客户当成上帝，而是当成人的时候，就是一个飞跃。如果把客户当成上帝，那么上帝是不可捉摸的，企业无法理解上帝，就会陷于被动和消极。将客户当成人，则是企业把客户看作一个可以理解、洞察、商量、与自己平等的对象。那么人具有的所有弱点和所有优点客户都会有。去理解客户，为客户的显性或者隐性需求设计产品和服务就成为必然。也正是由于客户是作为个体的人而存在，随着技术的发展和人类认知的发展，客户的行为会产生变化，客户与企业交互的行为也会产生变化。了解了这些变化，企业才会在营销设计时更深入地契合这些行为及行为背后的需求。

我们引用中国互联网数据中心（DCCI）的研究来看客户行为的变化（见图4.1.2）。

图4.1.2 客户行为的变化

◎非互联网时代，客户的购买行为过程是这样的：注意商品—产生兴趣—产生购买愿望—留下记忆—购买行动。客户与企业的交互模式完全是线性的，企业传达信息被客户接受、关注、引发购买。所以那个时代企业更多的是广播式的广告，主要是传达信息、传达形象。也正是由于这样的模式，我们记忆中的广告是类似于恒源祥的"羊羊羊"，像磨坏了的唱片一样重复着，给客户留下记忆，这是条件反射式的记忆。而在当时，对比商品比现在要困难很多，所以一个植入大脑的广告起着关键的作用。这时候营销的关键词是"到达率"，即企业的广告、企业的活动传达到了多少人。

◎互联网时代，客户的购买行为过程是这样的：引起注意—引起兴趣—主动搜索—购买行为—主动分享。在这里，客户有两个完全不一样的行为——搜索和分享。客户开始主动通过第三方手段进行对比，看产品或者服务的口碑，性能方面的优劣等；购买后还会在社交媒体上发布心得体会，或者公开投诉。这时候企业与客户的交互已经不完全是线性的，而是出现了交叉交互。企业在互联网上被披露的各种事件、在社交媒体上的响应，都会成为客户是否把产品或者服务纳入下一次采购循环的关键决策因素。由于受到互联网的属性限制，这个时候的交叉交互依然是碎片化的少量交互，不能实现即时、快速，企业不能更多地获得客户对企业的反馈。而客户也不能随时随地的发掘企业产品及服务的特点。营销的主要方式还是以广告广播式为主导，在互联网上看链接的点击率（传播到达率、关注率）和分享率。还不能产生即时交互。

◎移动互联时代，客户的购买行为过程是：互相感知—产生兴趣形成互动—连接沟通—行动购买—体验分享，这是一个翻天覆地的变化。这个时期的营销是基于连接的对话互动，而不是单向的广播式传播。企业从一开始就要考虑与客户对话，客户的参与，与客户一起动起来。在交互的过程中，企业不但让客户感知企业，还要去感知客户。这个过程是多维互动传播的，而不是线型传播的。"多维、随时随地、无时无刻、往来交互、聚众意见、应需而动"成为这个时期的关键词。评价一个营销活动的好坏，再也不是单独一两个指标，而是一系列综合指标，有评估到达用户的到达率、传播率等；有评估营销效果的分享率、转化率、跳转率、优秀评价率等；有评估传播覆盖的媒体覆盖率、参与率、圈子覆盖等。后互联网时代的营销，还考核移动互联网与内部企业各系统的协同情况，这会影响客户触点的响应及反应及时率。

在移动互联时代，企业要根据客户购买行为的转变开启新的营销模式。

三、基于客户体验的营销策划的基本步骤

由于移动互联网、社会化媒体的发展，客户接收信息的方式和做出决策的过程产生了巨大的变化，这种变化更符合人性。这就要求企业在做营销策划时，要一改以往的单向广播模式，变为交互（对话）模式。同时，企业在与客户交互过程中，对客户的洞察成为营销的关键。在对的地方开始，引发客户及潜在客户的兴趣，引起话题，引导交互，让客户关注你、买入你。这样的营销要求精准。精准来源于大数据的洞察，来源于营销活动的设计。设计过程中企业要考虑各渠道的特征、信息和话题是如何传播的、如何评价传播效果、如何让好的营销继续扩散、如何让不好的活动在适当的时候终止、如何化零为整的策划整体的营销、让全年多主题多次引爆。企业需要做什么？第一，企业要知道客户在哪里？第二，企业要知道客户喜欢什么样的表述语言？第三，企业要知道客户喜欢用什么样的渠道去接受这些信息，并与企业互动？第四，企业知道客户会用什么样的方式把这样的东西传播出去？第五，企业知道如何衡量客户是否喜欢企业的营销活动。第六，衡量后，企业需要知道如何去优化自己的营销活动。

根据以上六点，移动互联网时代的营销策划需要关注客户全生命周期交互，并在全局规划的基础上分层次规划。策划步骤共分为七步。

1. 基于大数据的挖掘。数据挖掘是精准营销的基础。企业需要针对数据进行挖掘，不但要挖掘企业内部数据，还要外部关注群落的客户数据。通过这些数据发现客户需求倾向，发现群落特征，发掘购买关联，消费趋势等。这样的数据挖掘不仅仅是针对活跃用户，还可以激活沉睡用户，增加客户活跃度。这是移动互联时代营销策划的起点。

2. 明确目的。数据会告诉我们很多，营销策划人员需要有非常明确的营销目标，这个目标可以是提升品牌关注度，可以是扩大某个产品的市场占有率，也可以是增加某类客户的活跃度等。目标明确才能让营销内容、渠道选择、交互设计更聚焦，让营销效果评估更明确。

3. 内容策划。内容策划需要有层次。从客户体验的角度来讲，客户需要企业在某一阶段，诉诸给客户的信息、形象及价值是一致的，而不是零散的。这就需要营销策划人员放眼一个较长的时间周期来整体策划全局性内容，在全局之下分层策划，大主题下的小主题是什么，店面、产品、服务如何配合。企业要有服务即营销的概念，在交互过程中完成营销目标，促成客户间正向传播。

4. 渠道整合。定位渠道，整体规划全渠道营销配合，根据各渠道特点规划传播内容及传播方式，充分发挥各渠道特点，以确保资源最大化利用。

5. 交互设计。为激发客户在各渠道与企业之间，或者客户与客户之间的交互，企业需要设计交互时的要点、方式、传播内容等，以便提升转化率、传播率和NPS。

6. 即时评估调整。用数据说话，每日数据跟踪营销过程，并即时调整话题，或者加入或者终止，以便营销活动良性扩散，实现客户与企业利益最大化。

7. 评估。针对整体营销效果进行评估，效果要转化为财务指标。

【案例】以下内容来自耐克官方宣传网站

"耐克公司于2013年11月13日推出全新JUST DO IT（想做就做）市场活动'跑了就懂'，借由一支60秒的主体影片'跑（The Run）'和五支跑者访谈短片所组成的互动式广告，向大家分享了74岁跑者孙更生、台北街头路跑俱乐部、香港盲人跑者傅提芬、上海复旦三姐妹和百米跨栏世界冠军刘翔等人的跑步初衷以及跑步对他们生活和生命的改变。这是耐克大中华区第一次以单一运动'跑步'作为JUST DO IT市场活动的故事主轴，深入挖掘各种或精彩或感人的跑步故事。同时，围绕'跑了就懂'的主题，耐克推出微信、微博平台的网络互动、赞助2013上海国际马拉松赛事，通过这一系列丰富的线上线下的活动，用跑步点燃这个冬天的运动激情。"

首先，这个营销活动的主题是"跑了就懂"。这是耐克的JUST DO IT口号的一个实际落地活动。这个主题和耐克的口号是高度契合的。

我会每周跑步5公里，虽然不多，但是我经常被人问，"你为什么要跑步？多累啊！""5公里怎么能坚持呢？上学时我连800米都跑不下来……"诸如此类的。说实话，跑步这件事和很多你最终爱上的其他爱好一样，只有做了才知道为什么，我想这是每个跑者都能领略到的。这个主题紧紧抓住了跑者的心，有那种酒逢知己，遇到知音的触电感。对观望和犹豫的人来说，这句"跑了就懂"就像一个召唤"你来吧，试试看，你会懂得……"；而对从来不跑步的人来说，引发好奇"这是为什么？这么神奇吗？看看到底是什么？"它既能引起跑者的共鸣，也能激发潜在跑者的好奇和尝试的心态,同时引发无关者的围观。

其次,我们看耐克发布的视频。主题视频是一段60秒跑者背影组合的视频,配着"I Wonder Why"(由Dion 和The Belmonts演唱)这首歌,很吸引人,不由自主地想跟着跑起来。之后是五段来自不同跑者的视频。当我第一次看那五段视频时,眼泪突然涌了出来。香港盲人跑者傅提芬,74岁老人孙更生,我们都熟悉的刘翔,复旦三姐妹,台湾街头路跑俱乐部,这是从100个跑者故事中选出的,每人一分多钟,诉说着自己跑步的故事和感受。

讲故事,讲最平凡的故事,最普通的故事,也是最执着的故事,这个故事总有能击中你内心的力量。简单直接,走心真诚。

第三,这不是一段简单的视频,这是一个玩儿起来的游戏。视频同时在微博、微信、Facebook上发布,同时耐克发起了"跑了就懂"的主题活动,鼓励大家上传跑步视频,分享跑步经验。除了这五位跑者视频外,其他跑者故事,利用微博、微信、优酷及体育相关论坛等平台的意见领袖进行分享,让更多的人关注、参与"跑了就懂",让跑步成为一件有趣的事情。

第四，从传播到落地，这是立体化的营销布局。2013年耐克赞助上海国际马拉松比赛，把"跑了就懂"直接落地到马拉松上，推出了一系列落地服务，如针对初次参加马拉松比赛跑步者的需求；在马拉松赛前倒计时，推出长微博和微信关键词查询，详细介绍所有参赛过程、比赛细节、跑步路线、比赛装备以及赛后恢复等内容；同时微信平台推出选鞋功能，跑者可根据情况对比选择比赛装备；线下推出比赛当天的二维码路线指引；同时耐克买下沿途大型户外广告牌，将选手赛前写下的跑步原因投放在上面，让所有跑者和助威人群都能看到。这样一来，耐克通过视频网站结合微博、微信平台，发布"跑了就懂"及赞助马拉松赛的信息，对目标人群进行360°"海陆空"配合度极高的宣传。"跑了就懂"成为马拉松赛跑者团体中的精神共识。

第五，洞察客户和企业的互动。移动互联网时期，客户购买行为变化中有个很大的变化点是关于"分享和互动"的。耐克充分利用这个特征，建立了耐克引导的，用户间互动的环境，最大化活动的影响力和落地产生的客户价值及企业价值。

例如，微信中"训练计划"功能，邀请国际级别马拉松教练逐天逐条制订训练计划，根据初级跑者及资深跑者、10公里半程马拉松和全程马拉松制订4周、8周、12周等不同训练计划。

"跑步装备"功能则通过微信用户回答的几个测试问题，逐个请教产品研发团队，将答案匹配最合适产品，给跑者精准推荐适合的跑步鞋。这一功能与网上商城实现一键链接，完成了销售转化。对于很多初跑者及业务跑者非常有用。

"跑步路线"推荐功能则基于"NIKE+"用户在社交媒体平台的跑步路线分享，通过后台数据分析，找出各个主要城市跑者最常推荐的经典路线，在这条路线上，跑者能够躲避城市污染、车流人流，同时还能遇到同样每天坚持跑步的跑友。跑步不再孤独！

"跑者集结"功能可以帮助跑者通过分享位置建立自己的"跑团"，集结周边的跑友，约定一起跑步。同时，用户也可以选择加入已建立的"跑团"，系统会根据用户分享的位置提供五个周边"跑团"供跑者选择，每个"跑团"显示详细的"跑团"名称、与跑者的距离、跑量及晨跑、夜跑类型、跑步频次、训练目的等内容标签，跑者可以根据自己的实际情况和需要加入"跑团"、约跑、分享跑步经验等。这个功能上线一个星期就有1000多个"跑团"成立，"跑团"日常活跃跑者约有3000多人。

为了更好地留住粉丝和提供更适合的服务及产品，耐克在每个"跑团"设立"NIKE'跑团'小助手""NIKE'跑团'观察员"，每天随机和部分"跑团"跑友互动。耐克在互动讨论和聆听的过程中发现更多的用户需求。

第六，数据是持续的基础。耐克把微博用户分为九类，这九类用户拥有不同的标签和分析要素。例如，设有关联度分析要素，在这个要素中，耐克会识别用户是否关注耐克，同时是否关注了其他运动类品牌、有无互动、有无私信、有无上传"NIKE+"数据等指标。 在对跑步运动的关联度要素中，耐克则识别用户有没有跑步、有没有关注跑步的意见领袖、是不是有跑步类的活动等指标，从而将用户放入九个维度中——即耐克的"九宫格"。

数据分析人员每月对"九宫格"的数据进行分析检测，发现客户在九个格子中的变动走向，从而分析用户的价值倾向，根据用户需求设计更匹配特定人群的活动，使低价值客户向高价值客户转变，实现客户"忠诚"，而不是仅仅增加多少新客户。

通过上述内容，我们看到现在的营销策划是一个系统化的工作，企业不但要谙熟人性、走心感人，还要了解渠道传播的规律，用想象力和创造力把所有渠道连接起来，共同与客户编织一张联动的大网，通过精准的数据洞察、游戏化的方式，在这个网的各个节点上实现客户与企业的价值。

四、营销的旋律

最后我们用营销的三个目的作为营销篇的收尾（见图4.1.3）。

圈客户　　　　　　黏客户　　　　　High客户

图4.1.3　营销的三个目的

◎圈客户，让客户心甘情愿地加入进来，让客户心甘情愿地推荐产品给别人。这一点也是所有新兴企业的重点。

◎黏客户，让客户有回味的空间——有趣，让客户有爆料的空间——有料，让客户有传播的空间——有利。黏客户是在洞察客户的基础上进行的。只有充分了解客户，给他们提供想要的服务与产品时，企业才能制造出客户喜欢传播的话题，才有可能良性传播。对很多传统企业特别是大型传统企业来说，其存量用户足够大，它们的重点不是圈客户，而是如何去黏客户，如何让存量用户留存下来，持续购买，扩大购买，传播良性信息。

◎High客户，让客户玩儿起来，让客户信任你。微信红包就是这样的一个营销，因为微信红包的目的就是让客户绑定银行卡，就是为了给微信打造完整生态圈奠定基础，但是客户还是很开心，心甘情愿。对于"High客户"的设计，是大部分企业的短板。娱乐的设计是未来营销的重点。

耐克的"跑了就懂"符合"圈客户、黏客户、High客户"这三个特点，可以说是一个移动互联时代旋律优美的成功营销案例。

《体验经济时代的商业秀》的作者Bernd H. Schmitt提出："体验营销是站在消费者的感官（Sense）、情感（Feel）、思考（Think）、行动（Act）、关联（Relate）五个方面，重新定义、设计营销的思考方式。"

说白了，营销的目的就是让客户在"玩儿嗨了"的情况下信任你、信仰你！不是吗？

拓展知识

美国AMA对市场营销的定义演变

(引自《浅谈AMA关于市场营销的演变》 作者雷祺、刘晓梅)

第一次定义：美国全国市场营销学教师协会在1935年定义市场营销为：市场营销是引导产品或劳务从生产者流向消费者的企业营销活动。1948年，AMA正式采纳了这个定义。1960年，当AMA重新审视这一定义时决定不做任何修改。就这样，这个定义就一直用了50年。第一版的定义指出了市场营销是一个过程营销，是企业在连接生产领域和消费领域的流通领域中所从事的各种商务活动。

第二次定义：在1985年AMA对市场营销下了更完整和全面的定义：市场营销是对思想、产品及劳务进行设计、定价、促销及分销的计划和实施的过程，从而产生满足个人和组织目标的交换。

第三次定义：2004年8月，在美国波士顿召开的AMA夏季营销教学者研讨会上，AMA对市场营销做出了新的定义，中国人民大学商学院郭国庆教授建议将这次的新定义完整地表述为：市场营销既是一种组织职能，也是为了组织自身及利益相关者的利益而创造、传播、传递客户价值，管理客户关系的一系列过程。

2004年的定义与1985年的定义相比，首先是阐述的角度不一样，1985年的定义注重从企业营销的自身角度来阐述，而2004年的定义主要是从客户价值的角度来阐述的；其次是2004年的定义要求抛弃市场营销传统的从4P角度研究企业活动，而应该着眼于客户价值来综合运用各种营销策略，以期给客户提供更多更有意义的价值；最后是2004年的定义不仅阐述了市场营销是一个系统，更强调是一种组织职能。

这三次定义的演进：1960年的定义核心概念是引导企业如何将生产出来的产品或服务从企业转移到消费者，至于消费者是否有这个需求、是否需要这样的产品或服务，那不是企业所关心的事。1985年的定义核心概念是系统，这个系统主要包括企业可以控制的四个方面，也就是4P，为此，企业就想方设法如何开发产品、制订价格、建设渠道和开展促销，在这种情况下系统内任何一个方面出现不协调，企业就得采取措施来解决。2004年的定义核心概念是客户价值，企业主要是围绕客户价值来开展一系列的活动，顾客构成市场，市场决定企业的成败，无论何时何地争取顾客支持、千方百计满足顾客满意永远是企业营销活动的中心。

② 《营销革命3.0》对营销的定义

营销1.0时代：最突出特征是以产品为核心。

营销2.0时代：以消费者为核心，顾客掌握购买主动权。

营销3.0时代：以创造价值为核心，顾客要求了解、参与和监督企业营销在内的各环节。

第二节　服务的节奏

"如果你以竞争对手为中心,你就不得不等待你的竞争对手有所作为。如果你以客户为中心,你就会更具有开拓性。"

——贝索斯　亚马逊创始人

【案例】

2013年,我们一家和另外两家朋友去美国旅行,乘坐达美航空公司的航班飞往西雅图,然后转乘阿拉斯加航空公司的航班去旧金山。在北京办理登机牌时,我和朋友A一家一起办了联程。在第一段行程中,飞机上有娱乐设施,前排椅背上还有互动屏,可以看电影、玩游戏。儿子想看动画片,发现无法互动,一点击播放,屏幕就出现黑屏,我试了一下我面前的屏幕,也存在同样的问题,旁边椅背上的屏幕也是如此。儿子有些不高兴,坐在那里叨叨咕咕。这时,空乘人员正好路过,操着不太流畅的中文叫着我儿子的名字问怎么了。儿子说"不能看动画片,就我们不能看!"这位空乘坐在儿子的座椅上操作了一遍,起身和我说"对不起,你等一下"。这种设备不能用的情况我以前在国内飞机中遇到过,也没什么办法,就安慰孩子说"看书吧,也挺好"。大概过了五六分钟,那位空乘拿着一个很大的类似POS机的设备走了过来,说:"实在抱歉,本来你们买的机票是包含这项服务的。现在您无法享受这项服务,我们决定给你们补偿……"听到这里我很吃惊,紧接着空乘说"您是我们的会员吗?"我说不是,她说"那么你有电子邮箱吗?请留下来,我们给你们补偿150美金……"她一边说一边在设备中录入我的电子邮箱地址,让我电子签名,又打印出一张纸条,上面写着"We apologize for the inconvenience you have experienced.(我们对给您带来的不便表示歉意)"。我很吃惊,拿着那张凭单,想到买的是折扣很大的机票,反而有些不好意思。这位空乘一再表示让我一定收好,下次买票时直接出示这张凭单或者邮箱中的相关识别码,可以抵机票钱。看到我把纸条收入钱包中,空乘才停止叮嘱,满脸歉意。我以为这就结束了,没想到给我们办理完后,这位空乘还一个接一个地给同样不能使用娱乐设施的乘客办理补偿。这是我坐过无数次飞机第一次遇到的体贴和补偿。

　　下了飞机，由于办了联程，行李从一个传送带拎到两米外的传送带上就行了。另外一家同程朋友B也把行李扔到了另外的传送带上，当时我们都没在意。第二程是乘坐阿拉斯加航空公司的飞机，候机时，朋友A看B也没有带行李就问"你是否也办了联程？"B困惑地看着我们问"什么是联程？"，我们才知道B没有办理联程。那么她的行李会不会丢？我们开始和达美及阿拉斯加航空公司联系，处理这件事。阿拉斯加登机口人员一再保证如果找到行李尽量随航班一起走。到了旧金山，行李没到。因为考虑前一航段乘坐的是达美航班，无处去的行李还应该被交回达美，于是我们就到机场达美的服务窗口说明此事。达美服务人员联系了西雅图机场和我们乘坐的航班后，答复行李明天会随最早的航班到达，并请我们留下酒店地址和电话，还询问我们明早几点离开酒店，一再保证在我们离开酒店前，行李一定能送到。带着惶惑的心，我们转身准备离开服务处，那个服务人员突然叫住朋友B，问"你们的洗漱用品是不是打包在行李里了？"得到朋友的肯定答复后，她拿出两袋洗漱用品，对朋友B说："你今天就不用去买洗漱用品了，这两个你拿去用……"朋友当时几乎泪奔……第二天早上8:30左右,朋友告诉我说行李送到了……

为客户提供好的体验,是企业文化的最佳表现,这种文化渗透在企业的每一个员工行为之中,体现在每一个服务的细节上。很多航空公司都把枯燥乏味的安全演示做了各种优化,展现形式非常吸引人,如新西兰航空霍比特人形象的安全演示,达美也用了很多故事性桥段来吸引乘客。孩子们每次看的时候都嘻嘻哈哈地笑,大人也笑声不断。

我常把这个案例讲给我的客户和朋友们听,也一直在想,是什么让那些服务人员贴心地为客户着想?是什么使得几乎每个我乘坐过的国外航班的空乘人员都能准确地叫出飞机上小朋友的名字?有位朋友告诉我,"服务是一种信仰,我们缺乏这种信仰。"

几年前,我曾经招聘过一个小姑娘,学习成绩非常好,考上北京排名前十的一本学校。她来我们公司前曾经在麦当劳当过餐厅第一副理(经理助手),她给我讲过一个故事。

"一天早上很忙的时候,一个穿着'流里流气'的小伙子点餐之后把拿着的薯条掉在地上了,他很生气,要服务员给他捡起来,服务员捡完后他仍不依不饶,要求经理道歉。

我就出去应付他。我很讨厌他的所作所为，心想，我们是平等的，凭什么我要为你服务？给你道歉？东西掉了已经帮你捡起来了，凭什么你还得寸进尺，为你服务我就低一等吗？……"听到这里，我问她："为什么你会觉得那个小伙认为服务他人就是低人一等的？"她说："服务他人难道不低人一等吗？"

这件事让我思考很多。我接触的很多企业都很希望我帮助他们提升员工的服务意识，输入"以客户为中心"的价值观。但当我深入接触这些企业时，我发现这些企业的服务部门在企业内部本身就处于低人一等的位置。他们没有太多的话语权，开会时更多的是被指责，因为"服务没做好"，而且还需要那么多钱去支撑这个部门，一个做业务的成本部门。决策者看不到服务的价值，只盯着市场份额和收入……我曾经遇到好几个服务部门的负责人，希望我能帮他们拿出"服务做好了，客户体验提升了，会给企业带来多少收入增加"的数据证明……甚至一个银行客服部门的老总对我说："有时候一气之下真想让客服中心的人员停止接听电话五分钟，就五分钟，看看会怎么样！他们都说我们不重要，都说我们口碑好是因为产品创新好……"这是一个有3000多座席的客服中心。

一、服务是一种文化

我常想，如果企业决策层都不真的把服务当作很重要的事情，而只一味强调输入服务意识给一线员工，那么"以客户为中心"就只能沦为口号和形式。企业内部是否有内部服务的概念？是否所有部门的流程支撑都是指向一线与客户交互的界面（人员）、都是旨在给客户提供最好的产品和服务？

服务是一种企业文化，在这个文化驱动下，企业中每个人才有可能具有服务意识，才愿意附身倾听客户的声音，倾听来自一线交互人员的反馈，才可能真正做到以客户为核心。

那么这种文化的表现是什么样的呢？我们设想一下：在这样的企业中，每个人都愿意关注客户说什么，不管他身处什么职位，都愿意经常去公司的微博、门户网站、客服中心等一线触点去了解客户的反馈；企业市场部在设计一个产品或者营销活动时，第一想到的是客户怎么看？服务部门的人怎么看？服务部门的人会怎么支撑这个产品或者活动？服务部门反馈的客户声音是什么样的？每个部门在设计流程和业务规范时，都会考虑这个流程对服务的最终支撑是什么样的，对客户的影响是怎样的，带来的是好的还是不好的客户体验等。

【案例】

星巴克在持续几年的迅猛增长后，于2007年业绩开始下滑。为什么？星巴克的首席执行官Howard Schultz（霍华德·舒尔茨）说："我们失去了给客户带来超凡体验的能力。"在列举了很多方法后，舒尔茨发现了DELL用社交媒体倾听客户声音的方法，于是建立社交网站Mystarbucks.com，星巴克有40人的团队每周在这个网站上倾听客户声音并给出反馈，他们是食品师、果汁师、战略发展人员或者品质管理经理。他们每周保证上这个网站与客户互动至少两小时。这个网站允许客户在上面出创意，并且把点子分为：产品、体验和参与三类，并且可以公开打分，公示哪些创意被实施了，哪些没有被接受。

截止到2011年5月，超过250000人注册该社交网站，109000个创意被发布，获得超过100万的投票。

建立社交网站后，星巴克开始在Facebook和Twitter上进行互动，反馈客户问题。2010年，星巴克成为Facebook第一品牌。

坚持社会化媒体交互两年后，2009年，星巴克的客户满意度提升了10%。截止到2008年底，星巴克停止了营业下滑趋势，这是连续四年下滑后的首次停止。2010年，星巴克盈利增长了13.3%，这是连续第二个高增长，是前所未有的。

星巴克一直致力于给客户提供好的体验，但没有止步于此。2013年，星巴克开始与移动支付及位置服务商结盟。打开Square Wallet（一个移动支付的应用），进入"目录（Directory）"可发现附近的星巴克都在地图上用"大头钉"标记出来，比其他 Square 合作的商店拥有更高的优先级。你可以在地图上找到地理位置相对较近的店面，而且还可以查看店面的营业时间。在应用地图中，星巴克单独成为一个列表，你可以在列表中选择一家星巴克，然后点击"Pay Here"，或者你也可以通过特定店面办理的借记卡来购买，Square Wallet 会生成一个二维码，届时走进店面，只要将二维码放在扫描器前扫描一下，就能完成支付。当交易完成，你会收到一张需要确认的账单。

星巴克是一家将服务文化渗透到毛细血管的企业，倡导给客户带去良好的体验，贴心考虑所有能为客户带来方便、简单、有趣（杯子上故意写错的客户名字）的细节，他们希望听到客户的反馈，根据客户的反馈调整自己的产品和服务，提供不露痕迹的服务——有分寸的服务，不是太多，也不是太少，刚刚好。

二、服务是一种分寸

大家都喜欢海底捞，但我却不喜欢。我不喜欢的理由有两个：首先，我不喜欢那里太拥挤，我喜欢安静的餐厅。其次，我不喜欢服务员过于"懂事"，我觉得在一双双眼睛的注视下进餐感觉很不舒服，我需要自己的空间，不被打扰。我不否认让等待变得有价值（排队时的零食和美甲）是非常好的体验，贴心的小围裙和扎小辫的皮筋儿很暖心。但我想服务在我需要的时候出现，就够了！例如，我觉得好热啊，周边的人也都在扇扇子，服务员悄悄地调低空调温度，这就够了。至于我聊天中谈到什么，我不希望服务人员那么"懂事"地参与进来，那是我的隐私。而在我需要的时候，一挥手服务员就来了，这就够了！

服务是一种分寸。不是所有的贴身服务都能让人感受到舒服和快乐。

在专卖店买衣服，我最不喜欢的情况是你进店之后，店员亦步亦趋地跟着你，一个劲儿地夸你，如果你在一件衣服前停留，就拼命鼓动你购买。我想，好的服装店体验是你随意地看，当你有需要环顾四周找店员时，他们总能第一时间响应。也许很多服装店发现跟随推荐是最有效的转化方式，认为顾客可能只是没想好，再推动下就购买了。但是客户冲动购买后会有很多反省，一旦反省的结果是觉得上当了，就会引发退货或者不再光顾的诸多问题，并且不同的客户需求不一样，所以服务的个性化非常重要，对于拿不准主意的，适当给予建议，对于很清楚自己想要什么的，就等待……服务要有节制，打扰或越界会让客户不舒服。

如何拿捏这个分寸呢？还是回到"人性"层面来探究。人性中有一部分是趋同意识，随大流，但还有一部分是安全意识，它潜在的含义中有"界限"的概念在里面，同时人性中有掌控的意愿，希望掌握局面。这些在服务过程中都需要考虑，这也是分寸感的形成动机。

现在国内服务人员几乎都是年轻人，这也是我困惑的部分。服务门槛看似不高，实际上对人的要求非常高，需要谙熟人性，有一定的生活阅历，有与人打交道的经验，而这些都是初入社会的年轻人所不具备的。所以我一直主张服务业要用中年人，甚至老年人，他们更懂得人，更容易理解人，更懂得尊重人。

三、服务是细节

在企业中，做服务管理或者一线服务久了的人都会非常细心体贴，习惯观察服务的过程和细节，走到哪里都会去看服务好不好，有时候会让人觉得他们很挑剔，但服务的确是赢在细节。虽然之前我一直在讲体系化建设，讲系统地提升客户体验，但是在系统流畅之后，每个节点的细节如果出问题，体验也不会好。关于服务细节的礼貌周到，大家已经耳熟能详，这里我从另外的角度来讲它的体验设计。

【案例】

某次，我使用Uber（优步）叫车，叫到车后，地图上显示司机已经到了，但我却看不到，司机电话也打不通，我就取消了行程，重新再约车。这个时候Uber推送一条短信给我，问我是否知道当司机接活后，五分钟后取消订单需要支付10元费用，后面附上一个小小的调研，展开后大概有手机三屏页面，这个调研的目的是让我知道什么情况下五分钟后取消订单要收费，同时告知我如果遇到不符合规定的情况，投诉的途径……这个细节让我感受到Uber服务设计的细致和周密。Uber在我第一次超时取消时,认为我可能不知道有取消费一说。为了让客户知情,避免事后纠纷,这个调研起到了很好的作用。后来我知道这次遇到的就是所谓的"幽灵车",是司机用来套10块钱取消费而做的伎俩。而Uber采用的这个方式也让它对"幽灵车"的情况有了掌握和了解。事后我的10元钱被退回了。

服务的细节不仅仅在于提供服务时的周到礼貌,还在于设计整个服务环节时对客户所处情境的预设,把知情、体贴、善后等事情做到客户需要的地方,而不仅仅是走过场、划清责任的通知。

【案例】

再比如两年前,我同事在线支付时遇到过一件事。当时很多电商要求在线支付的银行卡必须开通网银。同事的银行卡没有开通网银,以前在其他电商平台支付时没遇到任何问题,但这次支付中就遇到了麻烦,一直报错,怎么也不能完成支付,同事尝试了很多次,感觉很崩溃,不知道问题出在哪里,于是大家就一起帮他看,结果一个眼神好的同事在支付首页,选择支付方式那里看到比网页其他字体小两号的、灰色的、极其不清晰的一行字"银行卡支付,必须开通网银"……我一直很好奇这家电商公司页面设计人员的思路,告知的目的是什么呢?设计告知的环节是对的,但是为什么搞得那么不清晰呢?客户一次次受挫,下次还会来吗?

服务的细节设计是一项专业的事情,需要经验和洞察人性,了解人的行为习惯。

四、客户端越简单,内部越复杂

之前我们谈到,客户体验有个非常重要的维度是"简单、方便"。企业需要知道,在客户端感知越简单的事情,在企业内部往往要为其复杂的后台支撑付出非常大的代价。这个复杂不仅仅是系统的支撑,还有流程的整合、渠道的整合。需要业务人员完全站在客户的角度,解决客户的痛点。

就拿我们之前谈到的智能交互机器人来说,智能交互机器人如果只是一个单独的系统,那么这个机器人不能提升客户体验。例如,机器人智能回答客户问题就是静态地展示信息,就不会让客户有更好的感觉。好的智能交互机器人需要对接企业内部业务系统、客户管理系统等,做到客户识别、判断客户场景,给出符合客户场景的解决方案,如静态信息展示、业务办理、信息采集、人工引导等。这样客户才会觉得简单方便，体验才会好。

很多时候，企业会把后台的复杂架构直接展现在客户端。深究原因，不是企业故意想这样做，而是没有深入考虑客户的真实需求，思维上的简单造成交互界面、交互行为的复杂化。另外一方面是深层次的原因。

【案例】

几年前，我的小孩要去美国参加夏令营，我要给他申请手机号码，并且可以直接开通全球漫游。但是由于孩子未成年，而且是新开户，办理全球漫游需要付押金，我就以我自己的名字申请了一个新号码。因为我是这家移动运营商的15年老客户了，所以新申请号码可以免费开通国际漫游，不需要支付押金。结果这就是我一段麻烦经历的开始。

小孩回国后由于用不到这部手机，手机一直处于关机状态，我就常常忘记给这个号码缴费。一天，我收到一个未知号码的来电，通知我手机欠费，尽快缴费，否则要停机，我这才想起来。这样持续了半年多，我很烦，于是拨打客服电话询问能不能把我这两个手机号码合并缴费，结果被告知带着本人身份证到营业网店办理。我百思不得其解，后来想估计他们需要证明"我是我"！也好，虽然确实不方便，但这样也许更安全！验证客户身份的方法很多，他们却选择了最麻烦的方法……于是一个周末我带着身份证，两个手机（以防还要证明号码在我手里）到了某营业厅。排队用了30分钟，办理"合并账号"用了30分钟，在五张单据上签了我的名字，最后终于可以用主号码收短信，看账单缴费了！

我只是想合并缴费，为什么会这么麻烦？后来这个公司的朋友告诉我这件事不像我想得那么简单，账户合并很麻烦，涉及两个号码可能在用不同的套餐，计费方式、优惠等都不同，如果合并，后台将如何……我听着很吃惊，其实从客户的角度看，就是两个号码，你单独核算，算完了相加后给我一个总金额，我交钱就完事了！我根本就不认为你需要在后台合并账号。你有我的名字，我的身份证号码，你难道不能以一个人为核心来提供服务吗？当我这样问的时候，朋友告诉我他们不能，因为系统设计是以业务为核心的。

这个案例一方面说明了企业经常把客户简单需求复杂化，按照自己的思路揣摩用户需求，事倍功半。另一方面是以产品及业务为单位的服务视角，而不是以人为单位。

五、"以人为单位"的客户全生命周期管理，服务营销一体化。

以上案例让我们看到很多传统企业从来没有"以客户为核心"地管理过自己的产品或业务，而只是以业务或者产品为核心。所以在企业端，无论IT还是业务架构都是按照产品或者业务进行区隔的。好的服务管理应该是矩阵式的，既能归并客户后，以客户为线条纵向管理客户所拥有的产品或者业务的服务，又能以产品或者业务为线条横向看客户特征。当企业抛开产品或者业务的服务视角，而是把零散信息归并为一个人，"以人为单位"作为服务视角时，一切将变得不一样。

推广开来，就是"以人为单位"做客户全生命周期管理，服务营销一体化。企业在为客户提供服务的过程，就是最好的营销过程，营销企业的品牌、口碑，同时在服务的过程中发掘需求、抓取机会，给客户推荐精准的产品。而移动互联时代的营销讲究的是参与、互动，当客户与企业交互时也是企业提供服务的过程，这个过程会让客户认识企业、购买企业产品。营销和服务这两个过程很自然地合二为一，无法分割。

第三节　忠诚度变奏

客户的忠诚度是可以培养的。

忠诚度是企业一厢情愿的观点，客户之所以留在某个企业，持续与这个企业互动，购买产品和服务，是因为觉得产品和服务有价值。抛开价值，客户没有忠诚度可言。尤其是在信息透明度这么高，产品及服务如此多元化的时代，客户有了更多的比较和选择余地，不忠诚是必然的。然而，从某种角度讲，客户又是相对忠诚的。例如，我是某电信运营商18年的老客户，虽然有种种抱怨，但是因为担心换号码遗失老朋友，尽管有种种不满，依然坚持使用这个号码。由此，我们发现有很多忠诚是迫不得已的，对于垄断企业，对于更换成本过高的产品或服务。这个时候客户虽然不离开企业，但是会散播对企业的不满，一旦有机会就会离开，或者劝诫别人不要与这个企业发生关系。

一、六种忠诚模式

综合很多研究忠诚度的书及文章，我总结出如下六种忠诚模式。

◎被迫忠诚：对垄断企业而言，客户无选择余地，只能留在那里。其实这不叫忠诚，这叫迫不得已。

◎情节忠诚：这种忠诚源于某种情节，有的是儿时的记忆，有的是某种特定事件带来的记忆。例如，我对中国银行有一种情节，原因在于很小的时候，我家门口就只有一家银行——中国银行。父亲当时出国，只有中国银行可以兑换外币，而当时也只有中国银行有双币信用卡……我的第一张双币信用卡就是中国银行的。这是一种情结，根植在内心，让你觉得信赖。

◎惯性忠诚：这种忠诚源于人性的懒惰，以一种最不费力的方式保持一种貌似忠诚的状态。我对持有18年的某电信运营商的"忠诚"，某种程度上属于惯性忠诚。

◎利益忠诚：这种忠诚源于企业不断给客户利益刺激。例如，同样两家餐厅A和B，餐食水平差不多，而你是A的会员。在A的菜单上，会员价和非会员价格有一定的差异，于是你会选择A作为主要进餐的餐厅。但是如果有一天你发现会员价给你带来的利益不足以吸引你，你可能就会换到B餐厅进餐。而对于航空公司，你是某航空公司的常旅客，你已经是金卡或者白金卡会员，你发现你真的享受到一些不同的待遇，而积累的里程还可以兑换免费机票、升舱或者某些酒店的房间兑换等，那么你也会倾向于多乘坐这个航空公司的航班。大部分的忠诚属于利益忠诚。

◎体验忠诚：对苹果产品的忠诚属于这个类型。苹果更多的是带来不一样的体验。我一直同时拥有苹果手机和安卓系统的手机，但是从使用体验的角度讲，IOS系统的确优于安卓系统。不过也许对某些技术狂人来讲，安卓系统更有变数和挑战性，但是对一般用户来讲，IOS是顺畅、舒适、友善的。同时苹果这个品牌的用户，也属于以下类型的忠诚——认同忠诚。

◎认同忠诚：这种忠诚源于企业的产品或者服务带给客户某种身份上或者精神上的认同，这种认同引起共鸣而产生忠诚。这种忠诚比较持久，不太受竞争对手的影响。大家都说星巴克的体验好、咖啡好。实际上在欧美，星巴克的盛行源于把咖啡过程简单化、平民化，煮一杯咖啡没那么复杂，同时它还提供了一个供大家交流的场所。而在国内，星巴克的环境相比其他咖啡馆并不算好，关于咖啡口味，国人真正会品尝咖啡的很少。但为什么星巴克依然是很多人会客的首选呢？因为那是一种认同。最早是外企职员在里面面试，谈论工作。很多人拿着笔记本电脑在里面工作，还有很多人去那里，一边喝咖啡一边发照片在自己的社交圈子里，那是一种生活状态和属于某种圈子的认同。这属于认同忠诚。对于很多奢侈品的忠诚也属于此类忠诚模式。还有著名的哈雷摩托的疯狂拥护者，是出于价值观和一种生活方式的彰显和认同。认同类的忠诚有很强的跟风性和稳定性。这是人的社会属性的根基。所以这种忠诚是企业能够做到的最高的境界，并且影响深远。

在谈到忠诚度的时候，我认为这只是企业与客户共舞的一个变奏，它是全生命周期关注的一个特定层面。如果企业日常做好客户分析，针对性地为客户提供需要的产品或者服务，没有所谓的忠诚度计划，客户也会忠诚。而企业从来不想了解自己的客户，鹦鹉学舌地去拷贝一套忠诚度计划，客户依然不会忠诚。因为企业不能给客户带来任何价值。

二、客户需要的价值

我们谈到的六种忠诚模式，都是对客户有一定价值的，虽然有些价值是短期的，有些是长期的。企业应该看到，企业给予客户的价值，不应该仅仅是金钱的价值，还要有精神层面和情感层面的价值。往往精神层面和情感层面的价值会更持久，让客户更"忠诚"于企业。

1. 不同客户有不同的价值需求。我接触到很多企业，在激励客户的时候，通常都采用折扣、送有限的现金或者积分的方式，期望客户参与分享，期望留下客户。这种方式，短期内是会吸引大量的中低端客户，并且有一定的分享效果，但是持续效果很差。就是很多客户在获得折扣、现金或者积分后，就再也不交互了，更别提购买了。而下一次活跃还需要企业采用物质刺激。

企业必须清楚，不同的客户价值需求是不一样的。有的客户需要物质刺激，有的客户需要身份彰显，有的客户需要影响力认同，还有的客户需要价值观认同。例如，小米社区，那里的忠实用户要的是影响力认同，而不是获得多少物质上的好处。有时候以上三种价值也会是两种或者多种的叠加体现，如航空公司的金银卡客户的特殊待遇，就是身份彰显的一种表现，而同时金银卡客户还可以获得VIP休息室的免费餐饮、里程的免费兑换机票或者升舱等物质奖励。

在价值需求方面，抛开物质刺激，很多企业使用了游戏化的方式，如晋级、勋章、群落等。这些都源于网络游戏的套路，而这个套路，对客户的忠诚培养是很有效的。契合了人性中对归属感、荣誉、向上、特权、虚荣等的需求。

目前也有一些企业在与自己的客户交互产生交易时进行公益活动，如企业会提出一元捐给穷困山区，很多客户会因为认同这样的价值观而忠诚于企业。

因此，企业在设计忠诚度时，需要目标清晰，到底目标人群是什么样的人？他们的价值取向是什么？这些人更在意什么样的价值传达？

2. 价值需要有可持续性。企业传递给客户的价值，不能是一次性的，需要有一定的可持续性。例如，去餐厅吃饭，服务员"说关注我们微信吧，你会成为会员，首单打多少折扣"。我常听到客户的说法是"关注吧，先把这单打了折再说，之后取消关注就不会被打扰了"。遇到这样的情况我一般会问：作为会员，我还有什么好处？服务员经常说不出来。

不知道这些活动的设计者在听到这样的真话后做何感

想。这样的活动由于给客户的价值有限，所以客户也不会长期给企业反馈更多的价值。如果餐厅口味独一无二还好，客户会念着那口味再来，否则为什么光顾？而这些由于受诱惑关注了企业微信号的客户，对企业的价值又在哪里？

对餐厅客户来说，如果是一家热门餐厅，我认为给会员提前保留座位、远程订座、优先排队，提供特殊的餐前水果或者不一样的饮品，还有现在常见的会员菜品折扣等，这是可持续的价值，而不是仅有的第一次消费折扣。因为这给到客户方便、特权和实际的利益。

在可持续的价值提供中，要让客户感到作为老客户，或者大客户的价值彰显，从而满足人性对特权、虚荣的需求，让客户真正觉得自己区别于其他客户，如此这类客户才可能变得忠诚，而这些"殊荣"也具有示范效应，吸引潜在客户，让他们看到可发展的方向和可能拥有的独特的东西。

3. 价值的短期可达性。人是一种务实的动物，特别是在交易过程中，不喜欢不实的承诺。在企业给客户延展性价值的时候，需要明确可达，否则客户不会买账。什么是明确的短期可达，如星巴克推出的"会员每次购买咖啡后，会获得一个贴纸，当集齐多少贴纸之后会免费获得一杯咖啡"。这样的价值回馈就是"短期可达性"。让价值具体化，并且有明确的目标，而且达成不太费力和消耗太多的金钱。这种明确的刺激是非常有效的，也容易促成短期内客户重复购买，增加活跃度。

4.用数据发现客户的价值需求。前几天我收到某电信运营商的短信，告诉我很幸运，被选中，要送我10G的本地流量。我看后很不舒服，一方面没觉得自己幸运，作为一个VIP金牌客户，在我有限的特权下，动不动被告知你幸运地被选中，很有一种本末倒置的感觉。好像我应该感激涕零，而明明是我在花钱购买你的服务……另一方面是我一个月中有半个月在出差，我更需要全国流量而不是本地流量。稍微用点心的企业就会发现，我在本地流量用得相当有限，因为我不是在办公室就是在家，都是有WIFI的。另外10G对我来说是无论如何用不完的，因为我从来不用手机看视频……还有，我会收到这家电信运营商的短信鼓励我参加某个活动，如果参与了会送我五块钱话费。我一直想告诉他们我的需求不是你随便送我什么东西，而是你送的东西恰巧是我需要的。我的价值需求不是有便宜可占，而是真正需要。我不愿意为了那几块钱话费折腾时间，这不是我想要的。我想要的是我能看到你发自内心地对我这个所谓的五星金卡（这已经是这家企业第二高级别的会员，就像亚军）的尊重和关注。尊重和关注体现在你推荐的东西都是经过深思熟虑，正是我想要的，你给我的尊享都是让我实实在在觉得与众不同的。

企业如果稍微用些心思，就能获知客户的价值需求。这个用心就是对客户各种行为的深入分析。

只有给客户想要的价值，客户才能慢慢依赖你，离不开你，才会有忠诚而言。

三、尴尬的会员制

很多企业看别人做积分自己也做积分，看别人做会员自己也做会员。我常问企业，你做会员做积分的目的是什么？答曰"为客户忠诚度""别人都在做会员……"。就像我前面谈到的，如果能够洞察客户，为客户提供需要的价值，企业不需要做任何忠诚度计划，客户也会忠诚。而为了忠诚度的忠诚度，常常会变成鸡肋，甚至骑虎难下。无论是会员还是积分，都只是一种表现形式，目的是为了激励客户重复购买，扩散好的信息给其他潜在客户。而如果会员没有特权，积分一旦变得让客户觉得无足轻重，那么这种形式就毫无价值。

例如，信用卡积分，网上看到好多人抱怨："没啥用啊。"所以很多信用卡和航空公司做联合积分。而电信运营商积分的最大价值在于可以兑换一点点话费或流量，也没有什么用。客户会因为这个忠诚吗？答案一定是否定的。

不能提供价值的会员制对企业是一种伤害，企业付出了成本，客户却没有感受到不同，还会因为是会员被各种不需要的短信、微信等广告轰炸，客户会感觉不舒服，更不要谈所谓的忠诚度。本来也许企业什么都不做，客户可能还会依照惯性考虑持续购买或者扩大购买，现在反而因为不舒服的感受而做他选。

会员制是为了让客户体会到更多的价值，而不是仅仅作为把客户圈起来的一个标签，企业在做会员制前必须想清楚客户的交互习惯、价值取向，以及自己到底要给客户什么样的特权和利益！

四、联合积分平台

很多企业发现自己的积分价值是有限，想为客户提供更多的价值，于是开始与其他同样拥有积分，而与自己有业务补充关系的行业进行联合积分。最常见的就是航空公司和信用卡的联合积分。市面上还有很多第三方积分平台，联合不同商业进入这个平台，如"超市+加油站+信用卡+大商场+……"。企业应该清楚，这里有价值的不是积分，当然给客户提供更多的积分途径和积分兑换使用途径对客户是有一定价值的，而更大的价值在于充分利用客户的行为数据，包括客户的消费数据、常用地点数据、消费频次数据等，给客户提供积分以外的价值。

五、别让尊享变抱怨

【案例】

一次给某客户做完项目去机场，客户说您体验下我们的机场贵宾厅服务吧。于是我进入贵宾厅，享受到代办登机牌、单独的安检通道、舒适的候机厅等尊享待遇。由于我习惯随身携带一个较小的行李箱，所以一般都会提前登机，不然担心行李无处安放。那天我看登机时间已到，就和服务人员说我登机吧，服务人员说"别急，我们有单独的登机门"。于是在登机时间过了10分钟左右的时候，服务人员拿着钥匙，带我从一个接入廊桥末端，机舱门边的旋梯通道登机。她提着行李顺着飞机旋梯把我送到机舱门口后说"就送您到这里了，祝您旅途愉快！"。当我拎着箱子走进机舱时，发现已经没有地方放行李了……和我一起从这条特殊通道登机的另一位真正的"贵宾"也没有地方放行李了。她很生气，要强行把行李放到头等舱的行李架上，和空乘人员发生了些小小的争执……

客户体验有一个"峰终"理论，"终"是影响体验结果的关键环节，那么这次的贵宾体验总体来说是不好的，因为行李无处安放，空乘人员起先要给我放到最后一排的行李架上，而我坐在第二排，后来还是靠那位真正"贵宾"的强烈争取，我们的行李才被放到头等舱行李架上。

还记得第二章开篇提到的B航空公司头等舱事件吗？很多时候，企业在设计"尊享"时是为了给客户一个好的体验来提升高价值客户的忠诚度，黏住客户。但是尊享服务是个全流程的事情，尤其在峰终时段体验到"尊享"非常重要。企业也许会强调某些环节是自己无法控制的，那么就要考虑如何提前让客户知晓，降低客户的期望值；或者提前协调，或者改变节点的控制环节。例如，这个案例中，如果企业设计尊享按照全流程方式思考，就会提前预知登机后可能的状况，并对此做出预防措施。既然有单独的登机通道，并且通道的通行是掌握在企业服务人员手里的，就要让客人至少与正常登机口相同时间登机，才可能避免行李舱被占的情况，而提前落座也能让客户减少紧迫感，更舒缓。在上述案例中，显然现场服务人员是没有乘机经验的，所以无法把控登机时间。也许她认为反正我们有特权，我们晚点还可以避免和很多人一起拥挤。不过也有可能真正的"贵宾"是不带行李的。

在企业设计忠诚度计划时，不一定非要有会员制或积分制，做好客户画像，洞察各群落客户偏好，针对性地传递价值给客户，在无声无息中让客户依赖你，乐于传播你的贴心和带给他们的利益，我想这才是忠诚度的高境界。在这样的环境下，再以会员的方式给客户更多的归属感、专属感和特权感，客户才有"忠诚"可言。

未来 我们都将融入场景而无法区分虚与实

我们活在真实世界的概率只有十亿分之一。

——伊隆·马斯克（Elon Musk）

突然之间VR/AR火遍全球。我们还在为到底要不要把知识库客户化，到底要不要关注客户体验，到底要不要智能机器人提供服务的时候，科技又悄悄飞跃了一下。

二十几年前，当我的前公司老总和我讨论服务站管理、强调要用互联网作为管理工具的时候，我还说"就整体发展速度，还早着呢"。现在，我再也不敢像当时那样轻视技术发展的速度了。

我是一个好奇心重的人。在从事咨询行业的多年历程中，我一直关注技术的发展能够给客户服务和客户体验带来什么。我欣喜地认为技术给企业与客户的交互带来无限机会，无限可能。我们可以通过各种渠道与客户互动，可以通过各种语音的、图像的、文字的方式与客户交流，会让交互更有效率更有价值。但是实际上，由于技术带来的沟通模式的变化需要大量前期人力与物力的投入，很多企业一直在观望，变革的速度远远低于预期。而有些财力的企业在技术脚步跟上的同时，客户视角、业务梳理却又跟不上技术的承载，让技术成为一个摆设、一个噱头。

还记得"智慧银行"的案例吗？移动互联网、社会化媒体对传统企业的冲击太大，传统企业急于转型。怎么转？核心是什么？技术到底怎么用？再次回归与客户共舞的几个关键内容。

一、场景

很多时候我们的事情没做好，是因为场景没设计好。站在客户的视角看，场景设计需要经验，需要洞察、想象力和创造力。企业的很多惯性思维是只考虑企业的业务如何办理，而不是关注客户怎么想，客户怎么感觉。以"智慧银行"为例，机器人交互很好，既新鲜又能解决一些客户问题，可以起到分流的作用。但是如果机器人应答不精准就失去了价值,并且设计者没有考虑非语音交互情况下的场景,客户弯腰看屏幕是非人性化的。交互柜台是我认为最有价值的,但是当我和某银行的服务负责人沟通时,她告诉我交互柜台还没有解决高峰期的问题。例如,中午是写字楼下的银行营业厅人满为患的时刻。预填单虽然缓解了柜面压力,却没解决排队问题,因为人们都在预填单那里排队。看似柜面办理时间缩短了,但是客户整体等待及办理时间没有缩短!并且还增加了信息泄露的风险,因为屏幕很低,谁都能看到上面的信息……

二、定位

渠道定位要清晰,尤其是实体渠道。在社会化媒体、移动互联的冲击下,很多行业的实体渠道受到很大的冲击,纷纷开始定位为体验厅。那么体验什么?企业想展示什么给客户去体验?展示的内容应该是客户知道或不知道的需要。

实体店的体验方式,我想主要是沉浸式体验和激发式体验。客户沉浸在某个场景中,激发出他们的好奇心,进而激发需求,促成交易,或者分享。

三、交互

从客户接触企业的第一个触点开始,就与企业进行了连接。这种连接不是简单的联系,而是需要企业洞察客户后的交互。洞察的根本在于数据,交互什么内容根本也在于数据,可以顺畅交互的关键在于触点系统与内部业务等系统的对接。

根据以上内容,我设想"智慧银行"的理想交互场景是这样的:

当我走进银行营业厅,机器人和我打招呼"邢女士,您好,欢迎光临(曾征得我同意,采集过我的脸部数据,所以机器人认识我)"。如果它看到我驻足,显示出对它的兴趣,它会接着问我"请问我有什么可以帮到您?"如果看到我对它没兴趣,就立在一边。营业厅里没有体感交互,没有单纯信息扫描展示模块。那里自助交互预办理柜台很多,当我走近一个交互预办理柜台,摄像头会再次识别我的脸部,屏幕上会出现一行"邢女士,欢迎您。您可以选择您需要的业务"。同时会自动出现视觉屏障,让旁边的人和一米以外的人看不到屏幕信息。我选择了要办理的业务,被告知这个业务需要到人工柜台办理,这里先做预处理。我根据指引填好了相关信息，系统需要我用指纹再次确认是我本人。这时候，屏幕出现一条信息，告诉我资金一直沉淀那里不动，其实很不划算，同时告诉我目前有一些理财产品或者贵金属业务很适合我，并且给我展示了匹配度，如果我想深究，还可以了解匹配算法等，如果我感兴趣立刻可以办理了。我很犹豫，大概一分钟后，系统问我是否可以在我进行人工办理前或者办理后，由客户经理给我介绍相关内容，或者我可以到交互窗口自己了解产品（这样的目的是为了把预处理的交互预办理柜面腾给后边的人）。我选择自己了解，看到前面还有10个人在排队，屏幕显示等待时间预计为25分钟，于是根据屏幕显示地图，走到营业厅里面的产品深入了解区。在那里，有几个独立的可以交互的显示屏，摄像头已经知道我是谁，在我面前的屏幕直接显示出那些提示过的产品，并且在右上角显示我前面的排队情况。我可以对比产品，看交易历史、收益趋势等。系统在适当的时机，提示建议我买入多少，持有周期多久，如果我想购买，就直接点击购买……

在这个设想中，营业厅中客户需要人工办理场景下的体验设计充分考虑了几个方面。

◎识别和关联：通过人脸识别最方便；多系统共享客户信

息,当客户在其他系统被识别后,关联信息自动展示给客户。

◎方便:人脸识别相对身份证或者银行卡等更方便。

◎安全:指纹再次确认是安全的;视觉屏障的设置,也会让客户信息安全。

◎填充无价值等待时间:让客户在等待时了解产品,而产品是基于客户洞察后有针对性的推荐,精准度很高,容易激发客户的兴趣。

◎顺畅:整个服务过程很流畅,地点可视化、产品展示可视化。

我常想,现在是与客户共舞的前奏时代。技术正在逐步完善,一点点地实现我们的想象。

未来的服务场景将更加美好,VR/AR能够给我们带来更多彩、更奇异的现实:

早上起来,我进入VR的时空,在鸟鸣水流的虚拟中晨练,空气中散发着迷人的草香。厨房里面的那些机器们已经按照我前一天的选择,备好了材料。因为我喜欢体验自己烹饪的快乐,所以晨练洗漱后,我开始烹饪。厨房墙上的音响流淌出轻柔的音乐,我说我想听听新闻,然后传来我常听的新闻频道的主播的声音。

今天我选择在家里办公。吃完早餐，我走进书房，用桌面的交互屏看一些报告，处理一些事务。10:00整，我被带入虚拟会议室，同事们都已经到齐了，我突然发现我选择的裙子不是很好看，于是隐去自己的身形，快速地选择了一套米灰色的裙子，再次进入虚拟会议室……大概在11:00，一条信息跳入我的视野，提示我中午约了某客户共进午餐。我一边听同事们的讨论，一边在虚拟衣柜中选衣服，同时把此条信息转给助理，让她帮忙约吃饭地点。11:30会议结束，我去衣帽间，挑选好的衣服已经被自动送出，在过道的衣架上。助理的影像出现在我面前，向我展示了A、B、C三家餐厅的内部景色和菜品样式，我选择了B餐厅，B餐厅回复信息，告诉我根据我以往的喜好，给我预留了靠窗的座位，并且准备了我喜欢的某种饮品，虚拟服务员小X会迎接我。

我和客户边吃饭边闲聊，互相介绍了各自喜欢的一些服装店，并且展示给对方……我离开餐厅时，一条信息告诉我已经结账，电子发票已经发到账户中，因为餐厅认识我的脸，并且匹配了我的行为识别。

下午4:00，我要乘坐飞机飞去某市，回到家中，机器人已经根据我的日程，准备好我的行李，订好去机场的车。我一边检查行李,一边看展示出的目的地酒店,选择了常去的酒店,被告知我喜欢的房型没了,升级为另外的,是否满意?我不喜欢那个房间里的挂画,远程选择了我喜欢的风格,到了酒店一切都是按照我的喜好安排的。

晚上在酒店,我选择参与一部侦破电影,我就是那个侦探,当然不能太血腥,而是更多地运用推理和侦探的直觉去破案……

我想,当世界变成这样的时候,我们每个人都是创作者、制造者和消费者,一不小心就会迷失在场景中无法区分现实与虚拟。而这时,企业与客户却真正地共舞了!

未来是多么的美好!让我们共同期待……